Neue
Kleine Bibliothek 236

Thomas Willms

Auschwitz als Steinbruch

Was von den
NS-Verbrechen bleibt

PapyRossa Verlag

© 2016 by PapyRossa Verlags GmbH & Co. KG, Köln
Luxemburger Str. 202, 50937 Köln
Tel.:   +49 (0) 221 – 44 85 45
Fax: +49 (0) 221 – 44 43 05
E-Mail: mail@papyrossa.de
Internet: www.papyrossa.de

Umschlag: Verlag, unter Verwendung eines Fotos von picture alliance / dpa
Druck: Interpress

Die Deutsche Nationalbibliothek verzeichnet diese Publikation in
der Deutschen Nationalbibliografie; detaillierte bibliografische
Daten sind im Internet über http://dnb.d-nb.de abrufbar

ISBN 978-3-89438-622-1

Inhalt

Einleitung:
Geschichtsbilder auf dem Markt

Wer bestimmt darüber, was in Deutschland über das NS-Regime gedacht wird? Die Aufmerksamkeit richtet sich zunächst auf den Staat – seine Repräsentanten, seine Agenturen und vielfältigen Einflussmöglichkeiten. Ministerien, Kommissionen und Gedenkstätten streben in der Tat danach, mit Hilfe von Gedenkstättenkonzepten, Reden, Schulbüchern, Lehrplänen und Finanzplänen ein bestimmtes Geschichtsbild zu erzeugen und zu festigen. Das muss nicht per se schlecht sein. Die vom Nazismus zutiefst geprägte deutsche Gesellschaft der Nachkriegszeit benötigte ohne Zweifel eine antinazistische Aufsicht, Kontrolle, Erziehung, sogar Umerziehung, die unter den gegebenen Bedingungen zunächst ausschließlich von außen kommen konnte.

Die Schlussfolgerungen, die die beiden neu entstehenden deutschen Staaten aus der Geschichte zogen, waren so gegensätzlich, dass ihre formale Gemeinsamkeit leicht aus dem Blick gerät. Insbesondere der Umgang mit dem Personal des untergegangenen Faschismus konnte unterschiedlicher ja kaum sein. Im Westen dauerte es nicht lange, bis in Schulen, Hochschulen und Geheimdiensten, in Justiz, Wirtschaft und Militär die alten Parteigenossen wieder einzogen und führende Funktionen übernahmen. Die Verantwortlichen für Weltkrieg und Völkermord und die kleinen und großen Mörder kamen weitgehend ungeschoren davon.

Dies änderte aber nichts daran, dass sich auch der westdeutsche Staat als Gegenentwurf zum vorherigen Deutschland erklärte. Dieser »Staatsauftrag« verband trotz aller Feindschaft BRD und DDR miteinander.

Auch in der neuen Bundesrepublik Deutschland wird meist als gegeben angenommen, dass diese Aufsichts- und Anleitungsfunktion nach wie vor besteht und zum gewünschten Ergebnis führt. Streitigkeiten werden über den Inhalt geführt, wobei aus linker Sicht die Extremismus- und Totalitarismusdoktrin im Zentrum der Kritik steht. Abgesehen von diesen Kritikastern herrscht heute aber im Wesentlichen ein hohes Maß an Selbstzufriedenheit. Deutschland sei »Erinnerungsweltmeister«. Es sei weltweit beneidet um seine selbstkritische, gründliche und fortwirkende Auseinandersetzung »mit den dunklen Seiten seiner Geschichte«. Das ist nicht ganz ohne Berechtigung, auch wenn anzumerken ist, dass z. B. die Firmen- und Behördengeschichten der NS-Zeit vorzugsweise erst dann untersucht wurden, als dies niemandem mehr persönlich schaden konnte.

Es gibt deutliche Anzeichen dafür, dass diese staatsorientierte und zugleich optimistische Grundannahme auf einer wackeligen und erodierenden Grundlage steht. So sind die Ergebnisse der Forschung über die Besucher von NS-Gedenkstätten ernüchternd. Keinesfalls entsteht durch die Besichtigung nazistischer Mordstätten eine automatische Immunisierung gegenüber faschistischem Denken. Mit welchen Vorstellungen vor allem junge Menschen die Gedenkstätten verlassen, hängt im Wesentlichen davon ab, mit welchen sie sie betreten haben. Und diese Vor-Vorstellungen sind dem staatlichen Zugriff weitgehend entzogen (vgl. Gudehus und Pampel).

Staatliches Handeln bezüglich der Geschichte des NS-Regimes und insbesondere seiner Verbrechen findet weitgehend ohne Vorstellung darüber statt, wie, womit und in welcher Richtung sich Menschen tatsächlich ein Bild vom NS-Regime machen. Es tut sich eine dramatische Kluft auf zwischen dem, was die berufsmäßig oder auch ideell mit dem Thema Befassten wissen, denken, wollen und tun, und dem, was die große Mehrheit damit anstellt.

Die Aufsätze, Essays und Untersuchungen in dem vorliegenden Band gehen deshalb von einer anderen Grundannahme aus. Das Geschichtsbild wird nicht vom Staat bestimmt, sondern auf dem Markt erhandelt. Der Markt ist zunächst tatsächlich als im engen

Sinne wirtschaftlicher Prozess zu verstehen. Insbesondere der Zweite Weltkrieg wird in zunehmendem Maße ökonomisch verwertet. Eine ganze Industrie – Hersteller, Händler, Verleger, Journalisten und Medien – bedient weltweit einen beträchtlichen Kundenstamm. Die Umsätze übersteigen die Etats der Bildungsministerien um ein Vielfaches.

Die Waren und Dienstleistungen, die auf diesem »Nazi- und Weltkriegsmarkt« umgesetzt werden, sind allerdings nicht ideologiefrei, sondern aufgeladen mit Versatzstücken, Anschauungen, Interpretationen und Anspielungen. So wird der ökonomische Markt auch zu einem Ort der statistischen Wahrheit – wofür interessieren sich Menschen wirklich – und einem Ort des ideologischen Wettstreits. Die kommerzielle Verwertung von Elementen des historischen Faschismus hat ohne Zweifel ideologische Folgen, die noch offen sind. Bedeutsam ist, dass sich die Nutzung auf Werte wie »Heroismus«, »maskulines Kämpfertum« und eine kritiklose Bewunderung des Militärischen konzentriert, allesamt nicht singulär für den Faschismus, aber in ihm eine historische Zuspitzung findend.

Dieser Prozess ist ein internationaler. Die deutsche Geschichts-Selbstzufriedenheit wird in Frage gestellt durch die Tatsache, dass der internationale Markt Filme, »Games« und andere Güter bereitstellt, die weit intensiver genutzt werden als das beste oder bestgemeinte deutsche Schulbuch, wobei aufgrund ihrer Wirkungsmächtigkeit Produkte aus dem angloamerikanischen Raum eine besondere Rolle spielen.

Man muss sich der Tatsache stellen, dass nachempfundene, nachgespielte, erfundene, interpretierte und entkontextualisierte Texte, Bücher, Bilder und Filmclips in Konkurrenz zu wissenschaftlichen, pädagogischen und politischen Darstellungen treten. Sie werden zugelassen, sie bedienen Bedürfnisse und sie sind sogar leichter zu erreichen als im weitesten Sinne seriöse Darstellungen. Fiktion und Dokumentation verschwimmen. Erfundenes und Verfälschtes erscheinen oft genug als »wahr«, zumindest jedoch als eine unter vielen möglichen Wahrheiten.

Die seit Jahrzehnten tätigen neofaschistischen Organisationen, Verlage und anderen Medien können so erleben, wie einige ihrer Fetische ganz ohne eigenes Zutun Verbreitung finden. Sie beeinflussen das Fühlen, Denken und letztlich Handeln vieler Menschen, und es ist nur eine Frage der Zeit, wann sie daran andocken werden.

Jedes Land hat darüber hinaus seine eigenen verdrängten historischen Aspekte und nationalen Besonderheiten, von denen einige in diesem Band vorgestellt werden und die die Marktprozesse überlagern. Der direkte politisch-staatliche Einfluss ist in Polen und Israel sicher am größten, in den USA und Großbritannien wohl am geringsten.

Die Texte dieses Bandes beschäftigen sich ohne Anspruch auf Vollständigkeit mit einigen Aspekten dieses großen Prozesses. Sie mögen den Leserinnen und Lesern überwiegend pessimistisch vorkommen, aber so sind sie nicht gemeint. Die ideologischen Versatzstücke von Militarismus und Faschismus sind auch heute erkennbar und kritisierbar, wenn man genau genug hinsieht. Außerdem gibt es positive Entwicklungen. Manche vom Faschismus angerichtete Verheerung war so stark, dass sie überhaupt erst heute ausgesprochen werden kann. Zur Kunstform gereifte Medien wie Graphic Novels und Fernsehserien spielen hier m. E. nach eine besonders wichtige und vorwärtstreibende Rolle. Auch unbequeme Fragen zu stellen, sind wir den Frauen und Männern schuldig, die zu Opfern des Nazismus wurden, noch stärker aber den Menschen der Zukunft, die sich nicht zu sicher vor der Gefahr einer Wiedergeburt des faschistischen Schreckens sein sollten.

Überblicke

Können die NS-Verbrechen vergessen werden?

Die Verbrechen des NS-Regimes, auch der im Zentrum des öffentlichen Gedenkens stehende millionenfache Mord an Jüdinnen und Juden, können wie jedes andere Verbrechen der Weltgeschichte vergessen werden. »Vergessen« soll heißen, dass sich die Öffentlichkeit nicht mehr mit ihnen beschäftigen wird, dass sie keine Rolle mehr spielen werden in Zeremonien und Ritualen, – darüber hinaus aber noch weitaus bedeutender – dass sie für das Gros der Menschen in ihrem Handeln und Trachten keine Rolle mehr spielen werden.

Der »Holocaust« als obskure Randnotiz aus einer vergangenen Zeit? Kann das wirklich sein? Und wenn er nicht »vergessen« wird, wie wird er sich in Politik und Kultur der europäischen und US-amerikanischen Gesellschaften bemerkbar machen?

Im heutigen Deutschland scheint das genaue Gegenteil der Fall zu sein, als gelte nahezu generell ein gedanklicher Dreischritt. An die Verbrechen müsse man sich erinnern, damit sie sich niemals wiederholen können, oder kurz:

»Krieg und Massenmord – Erinnern! – Nie wieder!«

Dem Althistoriker Christian Meier verdanken wir den Hinweis, dass es sich dabei mitnichten um etwas Selbstverständliches, sondern um eine wenige Jahrzehnte alte Neuerung, wenn nicht sogar um eine historische Anomalie handele (Meier 2010). Erstmals 1996 im noblen Rahmen der Berlin-Brandenburgischen Akademie der Wissenschaften vorgetragen, hob er diese Frage aus den allseits bekannten umkämpften Nachkriegsdebatten um »deutsche Schuld« heraus und stellte sie in einen sehr viel weiteren historischen Rahmen.

Meier zufolge gehöre zum Akt der Beendigung eines äußeren Konfliktes oder eines Bürgerkrieges seit der europäischen Antike ein anderer Mechanismus. Konflikte wurden mit der formalen Verpflichtung zum »Vergessen« beendet. »Nicht an Schlimmes zu erinnern« sollte Rache verhindern und die Gesellschaft befrieden. Dies konnte sowohl von Siegern und Verlierern gemeinsam festgelegt als auch einseitig vom Sieger oktroyiert werden. Noch im griechisch-türkischen Vertrag von 1923 findet sich eine entsprechende Regelung. Kurz gefasst ist die Gedankenkette also

»Krieg und Massenmord – Erinnerungsverbot!«

Mit den NS-Verbrechen, die Meier unter »Auschwitz« subsumiert, sah er eine Art neue Zeit gekommen, den Übergang zu obig ausgeführtem Dreischritt. »In der Geschichte von Erinnern – Verdrängen – Vergessen stellt Auschwitz etwas völlig Neues dar. Es kann im ganzen so wenig wie in unendlich vielen Einzelheiten vergessen werden« (Meier: 73). Tatsächlich ist dies leider eine bloße Behauptung, ein Wunsch und eine Forderung, die aus Meiers Erschrecken über das Ausmaß der Taten resultiert.

Eigenartigerweise ignorierte Meier einen anderen historisch weit verbreiteten Mechanismus. Gerade als Althistoriker hätte ihm auffallen können, dass die Völkerkundemuseen der Welt voll sind mit Artefakten, die eine dritte Gedankenkette zelebrieren. Das Erinnern an Krieg und Gewalt diente während des allergrößten Teils der Menschheitsgeschichte und über viele Kulturgrenzen hinweg als Mittel und Zweck zur Vorbereitung und Absicherung zukünftiger Kriege und Gewalt. Die Herrscher der Maya, Assyrer, Römer usw. ließen unzählige Stelen, Denkmäler und Inschriften produzieren, mit denen sie sich entsetzlichster Gewalttaten brüsteten: Demütigen, auspeitschen, versklaven, hängen, köpfen, verbrennen, pfählen und auf alle erdenklich andere Art und Weise die Verlierer ums Leben bringen

– das ist der Inhalt vieler bedeutender Kunstwerke. Die Gedankenkette war also hier »Krieg und Massenmord – Erinnern! – Drohung
mit Wiederholung!«

Von dieser Kette gibt es als viertes eine spiegelbildliche Fassung
aus der Sicht der Verlierer und Unterdrückten. An die Verbrechen
der anderen wird erinnert, um sich selbst die Berechtigung zur Rache
zuzusprechen, also

»Krieg und Massenmord – Erinnern! – Revanche!«

Das ewige Aufrechnen und Racheschwören in ungezählten wieder-
holten Kriegen und Bürgerkriegen der Vergangenheit und Gegenwart
ist das Normale, nicht das planmäßige Verdrängen und »Vergessen«.

Dafür, dass schlimme und sogar katastrophale historische Ereignisse vollkommen aus dem öffentlichen Bewusstsein verschwinden
können und dies in verhältnismäßig kurzer Zeit, lässt sich gerade
für Deutschland ein frappierendes Beispiel finden: Es ist der Erste
Weltkrieg.

Eine Generation vor den Nazi-Vernichtungslagern fand z. B. fol-
gendes Ereignis statt. Vom 1. Juli bis zum 18. November 1916 wurde
am französischen Flüsschen Somme eine von zahllosen scheiternden
Durchbruchsschlachten geführt. Schlägt man vom nordfranzösischen
Ort Albert aus einen Halbkreis in nordöstlicher Richtung mit einem
Radius von 9 oder 10 Kilometern, erhält man ein Gebiet, in dem
innerhalb von viereinhalb Monaten etwa 900.000 Menschen umkamen. Hügel und Bäche, Wiesen und Felder wurden buchstäblich
gespickt mit menschlichen Überresten. Damit wurde eine Tötungs-
dichte erreicht, die dem des Nazi-Vernichtungslagers Treblinka nahe-
kommt. Der zentrale Unterschied ist, dass den Soldaten »nicht das
Sterben verordnet war, sondern das Überstehen«, wie Jean Améry
schrieb (Améry: 42). Und dennoch halfen Bewaffnung und Ausbildung den Soldaten nicht viel. Angesichts des Artillerieinfernos waren
sie hilflos einem grausamen und schmerzhaften Tod ausgesetzt (vgl.
Middelbrook 1971).

In Deutschland gab es nach 1918 sehr wohl eine »Erinnerung«
als auch eine aktive Erinnerungspolitik bezogen auf die Somme
wie auf andere Schlachten des Weltkrieges. Nur war die sich durch-
setzende Art der Erinnerung alles andere als auf ein »Nie wieder!«
ausgerichtet. Der Gedanke, dass dem Ersten Weltkrieg ein zweiter,
dann erfolgreicher, folgen müsse, setzte sich bereits 1918 in der
deutschen Militärführung fest. Der Bezug auf die Vergangenheit
war ein positiver, man bezog sich auf die Ereignisse als lehrreiche
Erfahrungen, die für kommende Kriege heranzuziehen seien. Das
ganze frühe Werk Ernst Jüngers diente beispielsweise dieser Aufgabe, gipfelnd in seiner bereits im Titel unmissverständlichen Schrift
»Die totale Mobilmachung«. Jünger forderte hier nicht einfach nur
die Verfügbarmachung aller materiellen und militärischen Kräfte,
sondern vor allem eine »Mobilmachung des Deutschen«. Der Krieg
sei das Mittel, »sich selbst zu verwirklichen« (Jünger: 154).

Die Katastrophe des Ersten Weltkrieges als auch dessen milita-
ristisch-nationalistische Interpretation hat keine nennenswerten Spuren im Gedächtnis der heutigen Deutschen hinterlassen. Es bedurfte
erst des 100. Jahrestages des Kriegsausbruches und damit einer bedeutenden Marketingchance, damit Bücher und Fernsehsendungen
produziert und ausgehend von Christopher Clarks Buch »Die Schlaf-
wandler« gar nicht nebenbei Deutschlands Kriegsschuld relativiert
oder negiert werden konnte. Und trotzdem: Man vergegenwärtige
sich, was es alles nicht gibt. Es werden keine Kränze abgelegt. Reden werden nicht gehalten, nicht von Vertretern von Organisationen
noch von Präsidenten und Kanzlern. Niemand kümmert sich um die
Einweihung von Denkmälern, noch werden alte gepflegt. Schweige-
minuten werden nicht gehalten, nicht in Parlamenten und nicht in
der Öffentlichkeit. Glocken läuten nicht. Schulstunden zum Thema
finden nicht statt, geschweige Klassenfahrten. Weder Stiftungen noch
Ministerien stellen Geld für Projekte bereit. Kein Förderprogramm
kümmert sich um interessierte Studierende. Es erscheint keine Belle-
tristik, bis zum Rummel des Gedenkjahres 2014 auch fast kein Sach-
buch. Filme werden kaum gedreht und im Fernsehen gibt es keine

Themenabende. Gäbe es nicht Erich Maria Remarques heute noch gelesenes »Im Westen nichts Neues«, immerhin schon 1928 veröffentlicht, existierte auch fast kein literarischer Anknüpfungspunkt mehr.

Aber immerhin: »Die Somme« ist einmal gewusst worden, bis die Schrecken des Zweiten Weltkrieges die Bezüge darauf nahezu vollständig überlagert haben. »Treblinka« hingegen hat es nie gegeben – wenn man danach geht, was die überwältigende Mehrheit der Deutschen darüber weiß.

Um diesen Gedankengang abzuschließen, sei Meiers Hinweis auf Winston Churchill nachgegangen (Meier: 10). In seiner Rede an der Zürcher Universität von 1946 – bereits ohne Amt – brachte Churchill den Gedanken des bewussten Verdrängens der deutschen Verbrechen ins Spiel.

Bedenken muss man, dass Churchill wohl als einziger Politiker in beiden Weltkriegen an führender Stelle gegen Deutschland gekämpft hat und kaum jemand dabei einen so bedeutenden persönlichen Beitrag geleistet hat. Das Aggressive und Verbrecherische der deutschen Politik wird in dieser Rede denn auch unmissverständlich benannt und die Forderung nach Deutschlands Entwaffnung erhoben. Verdächtig intensiv betonend, dass die deutschen Verbrecher ganz sicher bestraft würden, war er bereit, Fünfe gerade sein zu lassen zugunsten eines noch bedeutenderen Zieles. Um eine endgültige Katastrophe zu vermeiden, und das war für ihn die Sowjetisierung Europas, gebe es nur einen Weg, nämlich die Integration Deutschlands in eine Art Vereinigte Staaten von Europa. Nur in diesem Gesamtpaket an Bedingungen ist Churchills Forderung nach einem »gesegneten Akt des Vergessens« zu verstehen. Was der begnadete Rhetoriker mit der Formel »wir alle wissen« – und was gerade Churchill persönlich besonders gut wusste – seinen Zuhörern einhämmern wollte, wird 70 Jahre später kaum noch gewusst und soll deshalb im Zusammenhang zitiert werden:

> »Wir alle wissen, dass die zwei Weltkriege, durch die wir haben hindurch müssen, aus der vergeblichen Leidenschaft Deutschlands re-

sultierten, eine dominierende Rolle in der Welt zu spielen. In diesem
letzten Kampf wurden Verbrechen und Massaker verübt, für die es
seit der Mongolen-Invasion des 13. Jahrhunderts keinen Vergleich
gibt, ja für die es gar nichts Vergleichbares in der Menschheitsgeschichte gibt. Die Schuldigen müssen bestraft werden. Deutschland
muss die Möglichkeit entzogen werden, sich wieder zu bewaffnen
und einen neuen aggressiven Krieg zu führen. Aber wenn all dies
getan sein wird, und es wird getan werden, und es wird auch schon
getan, dann muss es ein Ende haben mit der Vergeltung. Es muss
etwas geben, was Mr. Gladstone vor vielen Jahren einmal den ›gesegneten Akt des Vergessens‹ genannt hat. Wir müssen dem Horror der
Vergangenheit den Rücken zukehren und uns der Zukunft zuwenden.
(…) Wenn Europa vor dem endgültigen Elend gerettet werden soll
und damit vor dem tatsächlichen Untergang, dann muss es einen Akt
des Vertrauens in der Europäischen Familie geben, eben diesen Akt
des Vergessens gegenüber allen Verbrechen und Irrungen der Vergangenheit« (Churchill 1946).

Wie aber konnte eine Katastrophe wie der einfach aus dem deutschen Bewusstsein verschwinden? Es handelte sich nicht um das
langsame Wegdämmern und Irrelevant-Werden über viele Jahrhun-
derte, sondern um ein plötzliches »Überschreiben« durch ein anderes Ereignis. Es bedurfte eines weiteren Weltkrieges, und zwar eines
noch weit verheerender verlorenen als des ersten. Nicht der an sich,
sondern sein Ende generierte den benannten Unterschied zur kollek-
tiven Erinnerung in Großbritannien. Bombenkrieg, Niederlage, Zu-
sammenbruch, Verlust der Heimat, Besetzung durch den Feind, das
Aufpfropfen von politischen Ordnungen durch die Sieger und eben
nicht die Schande über die Verbrechen der eigenen Seite setzten sich
maßgeblich fest.

1986, ein Jahr vor seinem Tod, schrieb Primo Levi über sein Verhältnis zu den jungen Menschen, denen er über seine Zeit im KZ
Auschwitz berichtete:

»Die Erfahrung, deren Träger wir Überlebenden der nationalsozia-
listischen Lager sind, ist den neuen Generationen des Westens fremd

und wird ihnen im Lauf der Jahre immer fremder. (…) Sie sind mit den dringlichen Problemen von heute beschäftigt, die Arbeitslosigkeit, die Erschöpfung der Energiequellen, die Bevölkerungsexplosion, die sich pausenlos erneuernden Techniken, denen man sich anpassen muß. (…) Deutschland, das auf eine unabsehbare Zukunft geteilt ist, ist ›respektabel‹ geworden und hält sogar die Schicksale Europas in seinen Händen.« (Levi 2015: 213)

Was Levi und mit ihm die überwältigende Mehrheit seiner Zeitgenossen für einen unabsehbaren Zeitraum hielt, sollte nur noch vier Jahre dauern! Von den »beiden Blöcken Vereinigte Staaten – Sowjetunion«, über die Levi weiter schreibt, existiert einer nicht mehr und zu den »dringlichen Problemen« ist mit der Klimaerwärmung eines hinzu gekommen, dessen man sich damals gar nicht bewusst war.

Das Besondere und Irritierende sind nicht die Veränderungen an sich, sondern dass sie sich nicht aus linearen Weiterentwicklungen des Bestehenden herleiten und vorhersagen lassen.

Die skizzierten militärischen, technologischen, politischen, territorialen und wirtschaftlichen Umbrüche haben gewaltige Auswirkungen auf das soziale Leben weltweit, ohne dass durch sie innergesellschaftliche und zwischenstaatliche Konflikte gelöst würden. Zu erwarten sind für die nahe Zukunft ganze Bündel dramatischer technologischer Sprünge, die wir uns wie die Sprünge zuvor eben schlicht nicht vorstellen können.

Für das Thema »Erinnerung« ist aber Levis zutreffende Ahnung von den »sich pausenlos erneuernden Techniken« die wichtigste. 1986 war es völlig selbstverständlich, dass Telefone Kabel hatten, der schnellste Weg, eine schriftliche Nachricht zu versenden, das Fax oder das Telegramm war, dass Musik auf Schallplatten fixiert und transportiert wurde und dass Filme sich auf großen Rollen befanden. Nichts davon ist heute – nur eine Generation später – mehr wahr.

Binnen eines Jahrzehnts verwandelte sich für Milliarden von Menschen das Internet von etwas, von dem man noch nie gehört hatte, zu etwas, ohne das man weder beruflich noch sozial Erfolg haben kann (Singer, loc. 1920). Ohne dass irgendeine Institution dies aufhalten konnte, hat sich die Art der Kommunikation, das Maß an Zugang und Aneignungs- und Bearbeitungsfähigkeit von Texten, Bildern und Filmen verändert. Und genau dies führt uns auf den Ausgangspunkt zurück. Die Bilder der NS-Verbrechen und damit die Vorstellungen, die wir uns von ihnen machen, sind längst in den Sog dieser technologischen und kulturellen Revolution geraten.

Es ist nun versucht worden, die derzeitigen unzweifelhaften Veränderungen im Umgang mit der NS-Geschichte mit dem Begriff des Paradigmas und dessen »Transformation« zu fassen (vgl. Frieden 2014). Das hat allerdings mit dem Paradigma- und Paradigmenwechsel-Begriff im Sinne des Erfinders – des Wissenschaftshistorikers Thomas Kuhn – so wenig zu tun, dass es keinen Sinn ergibt, ihn zu verwenden. Ein Wissenschafts-Paradigma bedeutet nach Kuhn in etwa ein Bündel aus gemeinsamen Grundanschauungen, akzeptierten Methoden und typischen Lösungen zu dem Preis, dass alles, was nicht in diese »Box« passt, nicht einmal wahrgenommen werde (Kuhn: 63, 100). Ein Paradigmenwechsel bedeute die Aufgabe eines solchen Bündels zugunsten eines neuen, und zwar in einem sprunghaften Akt, wie beispielsweise den Übergang zum heliozentrischen Weltbild (Kuhn: 77).

Aber selbst wenn man dieses anhand der Physik entwickelte Modell analogisierend auf das hier zu besprechende Problem anwendet, stellt man fest, dass es in die Irre führt, ja dass selbst der Ausgangspunkt korrigiert werden muss.

Das von Meier hervorgerufene Bild der »großen Einheit« der Interpretation der NS-Geschichte ist zu einfach. Zum einen ist das große »Nie wieder!« in der Geschichte der Bundesrepublik nur zögernd, mühsam und mit vielen Einschränkungen versehen erst in jüngerer Zeit in dieser zugegeben großen Deutlichkeit formuliert worden. Meier selbst gab dafür einige Beispiele. Arthur Koestler von 1953 zitierend schrieb er: »Die volle Wahrheit ist in das Bewusstsein der Nation nicht eingedrungen und wird vermutlich niemals eindringen, weil sie einfach zu fürchterlich ist, als dass man ihr offen ins Antlitz blicken könnte« (Meier: 58). Das soll jetzt anders geworden sein?

Er benannte nicht, dass es immer auch eine organisierte Opposition gegeben hat, das neofaschistische und rechtskonservative politische und kulturelle Lager der Schlussstrich-Forderer und Auschwitz-Leugner.

Die relative Geschlossenheit und Verbindlichkeit des »Nie wieder!« ist historisch entstanden und kann vergehen. Das »Nie wieder!« wird zweifellos von vielen weiter vertreten werden. Dies kann aber nicht verhindern, dass es fortan eine Vielzahl von konkurrierenden Interpretationen und Aneignungen geben wird, einschließlich einer, die die Verbrechen des historischen Faschismus relativieren oder rechtfertigen wird. Womit wir es zu tun bekommen werden, ist dieses:

»Krieg und Massenmord – Erinnern?! –
Egal/Nie wieder!/Faszination/Zustimmung«

Ob und welche Schlussfolgerungen vorherrschend aus dem nazistischen Angriffskrieg und den in ihm begangenen Verbrechen gezogen werden, wird das Ergebnis politischer und kultureller Auseinandersetzungen sein. Diese werden allerdings viel schwieriger sein, als wir es uns heute vorstellen können.

Was erinnern?

Erinnerungen kann man nicht »teilen«, nicht »weitergeben«, nicht »vererben«, nicht »bewahren«, auch nicht »beobachten«, streng genommen nicht einmal »aufzeichnen«. Erinnerungen sind intrapersonell, individuell, intim, gleichzeitig aber auch zeitbedingt, veränderbar und Einflüssen unterworfen. Die unmittelbarsten und zeitnächsten schriftlichen Erinnerungen der ehemaligen KZ-Häftlinge, diejenigen, die das Wesen des nazistischen Terrors am deutlichsten werden lassen, spielen in der von Maier so optimistisch dargestellten »Erinnerungskultur« in Wirklichkeit kaum eine Rolle.

Das, was in der Öffentlichkeit »Erinnerung« genannt wird, ist Kultur und Politik. Die Unterschiede zwischen dem biologischen

Prozess des menschlichen Erinnerns und dem gesellschaftlich postulierten und inszenierten Erinnern kommen im Deutschen in den
zwei verschiedenen Bedeutungen des Verbes »erinnern« vor. Es gibt
sowohl »Ich erinnere mich an etwas« als auch »Ich erinnere an etwas«. Ersteres ist selbstbezogen, letzteres bezogen auf Äußeres oder
Andere, ohne dass beides etwas miteinander zu tun haben müsste.

Im öffentlichen Sprachgebrauch werden beide Bedeutungen häufig verwischt und zusätzlich in Kontrast zu einem anderen Verb besetzt, nämlich »vergessen«. Gemeint ist aber ebenso regelmäßig ein
ganz anderes Verb, nämlich »verdrängen«, was nicht die Unfähigkeit
zu etwas bedeutet, sondern den Unwillen, etwas zu tun (Reemtsma
2010).

Auffällig ist außerdem, dass »erinnern« und »vergessen« häufig
substantiviert werden und dadurch einen »statischen« Charakter annehmen. Geradezu inflationär verwendet werden Wendungen wie

- Erinnerung wachhalten
- Erinnerung teilen
- Erinnerung weitergeben
- Erinnerung bewahren
- Die Weitergabe von Erinnerung dokumentieren
- Erinnerung aufnehmen

sowie das große Gegensatzpaar der Geschichtspolitik: »Erinnerung«
versus »Vergessen«. »Erinnerung« gilt dabei genauso prinzipiell als
gut wie das »Vergessen« als schlecht. Das individuelle Vergessen
wird den Opfern nicht gegönnt. Zu aller inneren Not wird den heute
nur noch wenigen Überlebenden auch noch aufgedrängt, dass sie
sich unbedingt erinnern »müssten«, d. h. ihre schrecklichen Erlebnisse fortwährend in der Öffentlichkeit auszubreiten haben. Es ist ein
Glück für Nachgeborene, dass so viele dies tatsächlich getan haben,
aber ihnen eine moralische Notwendigkeit zu oktroyieren, ist doch
arg übergriffig.

Man sollte sich vergegenwärtigen, wie »sich erinnern« überhaupt
geht. Sich an etwas zu erinnern, setzt die Erfahrung des zu Erinnern-
den voraus. Zu Erinnerungen kommt man notwendigerweise durch

die Tätigkeit der fünf Sinne mit charakteristischen Einschränkungen durch unsere menschliche Natur, aber auch durch kulturelle Konventionen, Auf- und Abwertungen. Als der bei weitem wichtigste Sinn gilt in der westlichen Moderne das Sehen, deutlich dahinter folgt das Hören. Riechen, Schmecken und Fühlen spielen hingegen eine untergeordnete Rolle. Dem Vorrang des Sehens, der Erinnerung, die sich auf das Sehen bezieht, darf aber ruhig misstraut werden.

Der Schriftsteller Harry Mulisch hat dies in seinem Roman »Die Entdeckung des Himmels« karikiert. Er ließ seine Romanfiguren angesichts der auf dem Gelände des ehemaligen KZs Westerbork aufgestellten Radioteleskope über »historische Astronomie« fantasieren. Sie stellten sich vor, wie die Ereignisse im KZ in den Weltraum ausstrahlten, dort von irgendeinem Planeten reflektiert und Jahrzehnte später von den Teleskopen aufgefangen werden, so dass sich genau beobachten lässt, was damals geschehen ist (Mulisch: 490 f).

Die Philosophin Christina Thürmer-Rohr fasste das Problem wie folgt zusammen:

»Die Metapher des Sehens wurde zum bevorzugten einseitigen Erkenntnismodell, die absolute Sehkraft zum Mittel der Vernunft. (…) Die Augenwelt ist eine Distanzwelt. Der menschliche Blick kann die Dinge hierarchisieren, ordnen, zuordnen, vorordnen, nachordnen (…) Die Priorität des Sehens als Metapher für die vernünftige und rechte Erkenntnis hat weitreichende Folgen für die zwischenmenschlichen Verhältnisse. Die Erkenntnisversuche werden aus dem dialogischen Kontext herausgenommen und zu feststellenden, kategorisierenden, beurteilenden Akten.« (Thürmer-Rohr 1994: 116)

Im öffentlichen Prozess, der sich »Erinnern« nennt, kommen zentrale Elemente des tatsächlichen Erinnerns der ehemaligen Häftlinge nicht oder kaum vor. Es ist der Gestank von verdorbenem Essen, nach altem Schweiß und Erbrochenem, nach ungewaschenen Körpern und Kleidung, nach Kot und Urin, nach brennendem Fleisch, Rauch und Asche. Wer will sich das schon vorstellen? Selbst in den Aufzeichnungen der ehemaligen Häftlinge werden diese Elemente häufig zurückgestellt.

Der haptische Eindruck, oder was man geschmeckt oder gerochen hat, hinterlässt besonders starke Eindrücke. Ich erinnere mich, wie ich 1997 einen ehemaligen Häftling des bremischen KZs Missler besuchte, der unter Demenzerscheinungen litt. Lächelnd erzählte er immer die gleiche Geschichte: 1933 habe es in der Häftlingsbaracke so gestunken, dass die SA-Wache bewusstlos wurde.

Wenn man NS-Verfolgte in verschiedenen Umständen über die Vergangenheit sprechen hört, bekommt man unterschiedliches zu hören. Die Spanne reicht von organisierten öffentlichen Reden wie bei den meisten Zeitzeugengesprächen – die in der Regel keine Gespräche sind, sondern Vorträge –, Gesprächen in antifaschistischen politischen Gruppen und Verbänden, Gesprächen unter ihres gleichen, Erzählungen in den eigenen Familien bis hin zu ganz privaten zufälligen Gelegenheiten. Je kleiner und privater der Kreis der Zuhörenden, desto unschlüssiger, widersprüchlicher, fragmentarischer, aber auch verletzter und offener wird die Rede.

Ich erinnere mich an einen ehemaligen Häftling, der sein ganzes Leben in einer grünen Mappe voller Texte und Fotos zusammengefasst hatte. Er ging mit ihr auf einem Fest von Tisch zu Tisch und trug ihren Inhalt vor, wortwörtlich immer dasselbe, wie sich herausstellte. Das andere Extrem erlebte ich mit einem ehemaligen niederländischen Zwangsarbeiter. Eingeladen vor einer großen Gruppe zu sprechen, verhedderte er sich – wohl ungeübt in dieser Tätigkeit. Unzusammenhängende Erinnerungsbruchstücke hervor stammelnd, brach er zwischendurch immer wieder in Tränen aus. Das Publikum klatschte höflich, war aber doch unangenehm berührt.

Es sind hingeworfene Sätze beim Autofahren oder auf dem Weg zur Straßenbahn, in der die persönlichen Tragödien aufblitzen. Dann kann auch einmal gesagt werden, was dem eigenen Selbstbild widerspricht. Ein Beispiel: Der Auschwitz-Überlebende Kurt Goldstein erzählte mir 2006, den Hut in der Hand, in der Tür stehend, mit einem Bein schon auf dem Flur, ohne besonderen Grund, wie er in seiner Zeit als Kapo im Bergwerk Jawischowitz, einem Außenlager des KZs Auschwitz, einem anderen Häftling, der sich aus Sicht der SS irgendeines Vergehens schuldig gemacht hatte, in den Hintern trat. Er habe dies getan, um ihn als bereits bestraft genug dastehen zu lassen und ihn somit der Aufmerksamkeit der SS wieder zu entziehen. Dafür musste es ein harter, brutaler Tritt sein, der den ausgemergelten Häftling zu Boden fliegen ließ. Ein kommunistischer Aktivist, der einen anderen Häftling tritt? Eine unmögliche Geschichte für jemanden mit einer wichtigen Funktion – Rundfunkintendant im erklärt antifaschistischen Staat DDR –, deshalb auch nicht erzählt und nicht veröffentlicht in seinem Erinnerungsband, in dem aber das eherne Gebot zu finden ist, dass Goldstein selbst aufgestellt hatte: »Niemand darf einen anderen schlagen« (Schuder/Hirsch: 250).

Im Lager war das Leben unvorhersehbar, chaotisch, insbesondere für des Deutschen nicht mächtige Häftlinge sprachlich unverständlich. Dem Lager entkommen und im Abstand von Jahren suchte der Geist Ordnung zu schaffen, auch Erwartungen zu entsprechen und Sinnhaftigkeit herzustellen. Dazu schrieb der ehemalige Auschwitz-Häftling Primo Levi bereits 1947: »Die menschliche Erinnerung ist ein wunderbares, aber unzuverlässiges Instrument. (…) Die in uns schlummernden Erinnerungen sind nicht in Stein gemeißelt; sie zeigen nicht nur die Neigung, sich mit den Jahren zu verflüchtigen, oft verändern sie sich oder werden sogar umfangreicher, wobei sie fremdbestimmte Züge in sich aufnehmen. (…)«

Als Umstände, die die Erinnerung »verfälschen«, benennt er »Traumata, und keineswegs nur zerebrale; die Interferenz anderer ›konkurrierender‹ Erinnerungen, abnorme Bewusstseinszustände; Repressionen; Verdrängungen«. Es drohe sogar die Ersetzung der »ursprünglichen Erinnerung« durch ein »Stereotyp«, durch eine Erzählung (Levi 1988: 1).

Notgedrungen wird das, was wir »Erinnerung« nennen, von etwas, das zumindest theoretisch im Gespräch vermittelt werden kann, zu einem Teil der Kultur. Hier tauchen aber zwei wesentliche Probleme auf, auf die der amerikanische Literaturwissenschaftler Lawrence Langer in seinen Studien zur »Holocaust«-Literatur nachdrücklich aufmerksam machte (Langer 1995). Geht es in dieser Literatur um die Zeit, ist in Wirklichkeit von zwei verschiedenen »Zeiten« die Rede. Die »chronologische Zeit« (»chronological time«) ist die des normalen Menschen, die eines normalen Lebens. In ihr gibt es Anfang und Ende, Vergangenheit und Zukunft, Übergang und Prognose. Es ist der Fluss der Zeit, in der auf Schweres auch wieder Leichtes folgen kann und oft auch tut. Es ist auch die Zeitvorstellung, in der vergangenes Leiden als Basis für eine bessere Zukunft definiert, heroisiert und verstehbar gemacht werden kann.

Mit der »Zeit« der Konzentrations- und Vernichtungslager hat dies allerdings nichts zu tun. Für die Häftlinge machte der Gedanke an das »Morgen« wenig oder überhaupt keinen Sinn, weil es nur um das Überleben im Jetzt ging. Die Ereignisse waren ohne Ordnung. Nicht einmal der Tod war normal, sondern sinnlos von außen aufgezwungen und ohne Bezug zum Leben vor dem Lager. Wer dies überlebte, kapselte all dies, so legen es viele Berichte nahe, in einer Art privaten Zeitblase ein, einer fortwährenden Zeit (»durational time«).

Diese »Zeitkapseln« sind nun politisch höchst unbequem. Da sie nicht vergehen, lassen sie sich nicht vergesellschaften, einordnen und relativieren. Hier kann nichts vergessen werden und kein Ausgleich mit den Bedürfnissen der Gegenwart erzeugt werden. Die Demütigung bleibt für immer total. Es ist kein Leiden, das sinnhaft mit einer Vergangenheit und vor allem nicht mit einer Zukunft verbunden ist (Langer 1995: 13-24). Dies führt zu dem zweiten von Langer herausgearbeiteten Problem. Der allergrößte Teil der kulturellen Produkte zum Thema »Holocaust« lässt sich auf diese »Zeitkapseln« nicht ein, sondern ignoriert sie. Sie können den »Holocaust« nicht »zugeben«, sondern konstruieren tröstliche Vorstellungen von menschlicher Würde, Anstand und Widerständigkeit. Vom wahren Wissen schirmen diese Kunstwerke ab und erzeugen stattdessen Deckvorstellungen. Die chronologische Darstellung dieses Verbrechens ist die ungeeignetste, weil sie sich am wenigsten auf das Erleben der Häftlinge einlässt.

Otto Dov Kulka, selber als Kind im sogenannten Familienlager in Auschwitz-Birkenau inhaftiert, hat dieses Problem beschrieben:

»Dieses Buch und viele andere, ähnliche Bücher und dazu viele andere Werke aus den Bereichen Film, Theater und Kunst, sind doch für die gesamte Welt, oder für die gesamte lesende Öffentlichkeit zugänglich und bieten einen Weg an, sich von Auschwitz und seiner Welt, den Ghettos, diesem historischen Zeitabschnitt, dieser Realität ein eigenes Bild zu machen. (…) *Und ich kann in ihnen nicht finden, was sie vermitteln wollen!* Es ist eine vollständig andere Welt!« (Kulka 2013: 119, Hervorhebungen im Original)

Kulka bezeichnete seine Zeitkapsel als seine »private Mythologie«, mit dem »großen Tod« in den Gaskammern als Herrn. Er erlebte im Familienlager eine Häftlingsinszenierung von Beethovens »Ode an die Freude«, wenige hundert Meter von den Krematorien entfernt. Es liegt nahe, hier einen Akt des kulturellen Widerstands zu vermuten. Kulka bestritt dies als eine »verführerische«, aber falsche Annahme. Für ihn war das Ganze nichts anderes als ein Akt von »extremem Sarkasmus« (Kulka: 43-49).

Langer ließ vor allem drei Autoren gelten: Jean Améry, Charlotte Delbo und Jorge Semprún.

Der Auschwitz-Häftling Améry hat mit »Jenseits von Schuld und Sühne« 1966 eines der unbequemsten und unbotmäßigsten Bücher (Améry 2014) zum Thema veröffentlicht, aber immerhin mit einer gewissen öffentlichen Wirksamkeit.

Delbos Auschwitz-Trilogie ist hingegen in Deutschland wenig bekannt. Insbesondere ihr erster Teil – »Keine von uns wird zurückkehren« – verzichtet auf eine chronologische Darstellung. Es sind Szenen, z. T. in lyrischer Form, aus einer Welt, in der es keine herkömmlichen sozialen Mechanismen, kein Mitleid und keine Solidarität gibt. Delbo beschrieb die Sinneseindrücke von Auschwitz: das überscharfe Bild durch die nächtlichen Scheinwerfer und vor allem den unfassbaren Gestank.

»Die Nähe des Lagers macht sich am Geruch bemerkbar. Geruch nach Aas, Geruch nach Ruhr, der den fetteren, erstickenden Geruch vom Krematorium überdeckt.« (Delbo 1993: 121)

»Alle Frauen saßen im Staub aus getrocknetem Schlamm wie eine elende Herde, die an Fliegen auf einem Misthaufen erinnerte. Sicher wegen des Geruchs. Der Geruch war so intensiv und so ekelhaft, dass man glaubte, nicht Luft einzuatmen, sondern ein dichteres und zäheres Gas, das diesen Teil der Erde mit einer übermäßig angereicherten Atmosphäre einhüllte und isolierte; hier konnten sich nur besonders angepasste Wesen bewegen. Wir.« (ebd.: 162)

Die deutsche Übersetzung ist trotz dieses geschilderten Horrors in gewissem Sinne irreführend tröstlich, denn sie verzichtet auf die Kennzeichnung der deutschen Originalbegriffe. Ein besonders sadistischer Arbeitseinsatz lautet z. B. in der Übersetzung: »Zum Tor rennen – schnell – hindurch – weiter – auf der Planke über den Graben stolpern – schneller – die Schürze ausleeren – rennen – Vorsicht am Stacheldraht (…)« (ebd.: 134).

Das Original jedoch lautet: »Courir à la porte – schnell – passer – weiter – basculer sur la planche au-dessus du fossé – schneller – vider le tablier – courir – attention aux barbelés (…)« (Delbo 1970: 145).

Das französische Original ist mit einem – nicht übersetzten oder erklärten – furchtbaren Kommando-Deutsch durchsetzt. Die Übersetzung schont den deutschen Leser vor der Erkenntnis, dass die deutsche Sprache unmittelbarer Teil des Lagerterrors war. Die beiden letzten Sätze sind in der Übersetzung unscheinbar ans letzte Kapitel angehängt, im Original jedoch herausgestellt. Der vorletzte lautet: »Keiner von uns wird zurückkehren.« bzw. »Aucun de nous ne reviendra.«

Gefolgt vom bestürzenden: »Keiner von uns hätte zurückkehren dürfen.« bzw. »Aucun de nous n'aurait dû revenir.«

Delbo, der es gelang, in einem Labor-Kommando zu überleben, will hier sagen: Das Erlebte ist nicht integrierbar in den normalen Fluss des Geschehens und sollte es auch gar nicht sein.

Einen anderen künstlerischen Ansatz verfolgte der ehemalige Buchenwaldhäftling Jorge Semprún. Erinnern, schrieb Semprún, bedeutet das Erlebte ins Gedächtnis zu rufen und es zu »gestalten«, es »sprachlich zu meistern«. Chronologie ist dabei ein von außen auferlegtes Korsett, eine »kulturelle Konvention«. In seinen Romanen über Buchenwald – »Die große Reise«, »Was für ein schöner Sonntag« und »Schreiben oder Leben« – umging er sie durch Zeitsprünge und scheinbare Abschweifungen. Das Erinnern zum jeweils geschilderten Zeitpunkt unterscheidet sich, es ist beeinflusst von den äußeren Bedingungen, von anderem Wissen, vom Wissen-Wollen und auch vom Gegenüber. Das Roman-Ich »erinnert« sich sogar an Erlebnisse, die es nicht gehabt haben kann. Die Lektüre eines Gulag-Berichtes beispielsweise ruft Gefühle, Ängste und eine Art Erinnerung an eigene furchtbare Tage im Schnee hervor. Andererseits vergisst das literarische Ich auch, sich einmal an etwas erinnert zu haben, und trifft Prognosen, woran es sich wohl in Zukunft erinnern wird.

Dabei legen seine präzisen zeitlichen Zuordnungen der Erinnerungsebenen, -arten und -umstände alles bloß und ermöglichen paradoxerweise einen besonders authentischen Blick auf das Geschehene.

Eine besondere und eine in Zukunft vielleicht entscheidende Rolle spielen gefilmte Zeitzeugeninterviews, insbesondere das von Regisseur Stephen Spielberg ins Leben gerufene »Visual History Archive«. Spielberg produzierte mit »Schindlers Liste« 1993 nicht nur einen der wirkungsmächtigsten Spielfilme zum Thema, sondern organisierte und finanzierte direkt daran anschließend auch das mit Abstand größte Oral-History-Projekt. Es handelt sich um 52.000 Interviews mit einer Gesamtlaufzeit von 120.000 Stunden. Heute angesiedelt an der Universität von Südkalifornien (USC), spielt das Institut eine weltweit führende Rolle bei der Aufbereitung und Verbreitung dieser besonderen Form von Quelle. Die Interviews wurden katalogisiert, digitalisiert, sequenziert, teilweise übersetzt und transkribiert, so dass auch mittels Schlagworten gesucht werden kann. (vgl.: »Zeugen der Shoah«, Bundeszentrale für politische Bildung/ Freie Universität Berlin)

Als historische Quelle sind sie schwierig. Es handelt sich – was bei der schieren Masse leicht untergeht – um eine vielfach eingeschränkte Auswahl der NS-Opfer. Die Menschen mussten Mitte der

90er Jahre bereit sein, darüber vor der Kamera Auskunft zu geben. Sie taten dies häufig in einer anderen Sprache (Englisch) als der, die sie seinerzeit sprachen. Sie sind durch die Erzähltraditionen zum Thema beeinflusst, die sich z. B. zwischen den USA und Israel stark unterscheiden. Es handelt sich zu fast 99% um jüdische Opfer. Es ist naturgemäß fast ausschließlich die Sicht von Kindern und Jugendlichen, aber ausgedrückt von Menschen im Großelternalter.

Und ein Problem stellt auch das in den 90er Jahren gewählte »Setting« dar, in der man die Interviewer – wobei es sich überwiegend um Laien handelte – nicht sieht. Sie arbeiteten einen vorgegebenen detaillierten Fragenkatalog ab und dies nicht immer sensibel.

Es stellt sich die Frage, wem in diesen Filmen eigentlich etwas erzählt wird. Den Interviewern? Dem Kameramann? Den im Nebenraum wartenden Angehörigen? Einem imaginären Zuschauer von 2016 oder 2036?

Diese Frage verweist darauf, dass man zwar keine Erinnerungen erben, wohl aber Adressat von Zeugenschaft werden kann. Für die Angehörigen und vor allem Nachkommen von NS-Opfern ist dies zunächst einmal unfreiwillig. In irgendeiner Art und Weise müssen sie sich mit dem Schicksal ihrer Eltern, ihren Erzählungen oder ihrem Schweigen auseinandersetzen. Die Spanne der Reaktionen reicht von totaler Ablehnung und Verdrängung bis zur Überidentifikation. Anders sieht es aus mit denjenigen, die sich freiwillig den Erzählungen von NS-Opfern aussetzen oder überhaupt mit ihnen Umgang haben oder hatten.

»Niemand zeugt für den Zeugen« heißt der von Ulrich Baer herausgegebene Sammelband über »Erinnerungskultur nach der Shoah«, das Schlussstück aus Paul Celans Gedicht »Aschenglorie« zitierend (Baer 2000; Celan 2003). Die Aussage ist zwar fundamental richtig, nimmt den Nachgeborenen aber nicht die Möglichkeit und entlässt sie nicht aus der politisch-moralischen Verantwortung, die Zeugnisse durch Zuhören erst vollständig zu machen. Denn ohne Zuhörer haben sie keine größere Bedeutung als die nicht entzifferten Tontafeln vergangener Zeiten. »Für den Zeugen zeugen« bedeutet laut Baer »für die Zeugen, die die universelle Bedeutung einer Katastrophe singulär verkörpern, durch Wahrnehmung und Handlungen Verantwortung zu übernehmen« (Baer: 8).

Für uns und die zukünftigen Generationen heißt dies insbesondere, zu den Quellen und Zeugnissen der NS-Opfer zurückzukehren, die sie unmittelbar nach den Ereignissen ohne die politischen und kulturellen Einflüsse späterer Zeit gegeben haben. Texte aus den Jahren 1945, 1946 und 1947 werden – und das ist eine der positiven Entwicklungen der Gegenwart – zunehmend wieder zugänglich gemacht.

Doch je furchtbarer das Erzählte ist, umso größer ist der Unglaube, auf den der Zeuge stößt. Denn wenn es so furchtbar und ausweglos gewesen ist, warum ist er noch da? Dieses Dilemma ist unaufhebbar.

»Das, was wir sagen, glaubt ihr nicht

denn

wenn es stimmte

was wir sagen

wären wir nicht hier, um es zu sagen.«

Das schrieb Delbo (Delbo 1993: 384) oder auch Ruth Klüger: »Die Frage, wer die Glückspilze waren, führt jedoch leicht von der Statistik fort und in den Märchenwald der Erfolgsgeschichten. Und warum erzählst du selbst dann so eine?, fragen die Freunde.« (Klüger: 108)

Wenn aber »daß wir da sind um zu berichten, das dementiert, was wir berichten« (Delbo 1993: 359), erscheinen auch ihre Schlussfolgerungen fragwürdig.

Schlechte Gefühle

Die Gefühle, die denjenigen befallen, der sich an die Orte der NS-Verbrechen, insbesondere die der schlimmsten, begibt, stehen im Konflikt mit dem Intellekt. In diesem Spannungsverhältnis sind aber die Wahrheiten über die Lager zu finden.

Es gibt zwei häufig begangene Wege, diesen Wahrheiten auszu-
weichen. Der erste besteht darin, schon vorher wissen zu wollen oder
sogar zu verordnen, welchen Charakter diese Gefühle haben sollen:
Man soll oder muss »betroffen« sein. Insbesondere Schüler empfinden diesen Anspruch als moralisierend und weichen ihm bei zahllosen Gedenkstättenbesuchen aus oder sind erleichtert, wenn sie es
»geschafft« haben, das Richtige zu empfinden.

Der zweite, im Gegensatz zum »Moralisieren« gestaltete, ist die
Ausblendung der Gefühle, die ernüchterte, distanzierte, musealisier-
te Auseinandersetzung. Dies ist der Weg der deutschen NS-Gedenkstätten, die immer detaillierter beschreiben, was geschehen ist, ohne
dass dadurch etwas besser verstanden werden könnte.

Die eigentlich banale Weisheit, dass im Menschen Gefühl und
Intellekt untrennbar verbunden sind, muss deshalb besonders betont
werden. Für die Philosophin Martha Nussbaum sind Gefühle tatsächlich nur eine andere Art von Intellekt. In diese sind Annahmen und
Erfahrungen eingeflossen. Insbesondere sind sie Ausdruck eines
»Urteils« über die Dinge und Ereignisse. Sie treiben zu Handlungen,
und zwar über das Kosten-Nutzen-Denken hinaus.

Was sie in der westlichen Gesellschaft als Problem erscheinen
lässt, ist, dass sie offenlegen, dass sich nicht alles kontrollieren lässt.
Insbesondere angesichts wichtiger Dinge ist das Individuum nicht
autark und nicht in Kontrolle über das Geschehen. Wer die Gefühle
weglässt, lässt einen Teil des rationalen Wissens und Denkens aus,
das in sie eingebettet ist (Nussbaum 2003: 22).

Das Katastrophische, bestehend aus Scham, Erniedrigung, Angst
und Entsetzen, ist der eine Gefühlskomplex, der gerne vermieden
werden möchte. Es sind die schlechten Gefühle aus der Welt der Opfer. Diese zu benennen ist aber nicht ohne Risiko. Niemand möchte
ein Opfer sein, schon gar nicht junge Menschen. Ein Staat ist damit
buchstäblich schlecht zu bauen, weshalb es nicht erstaunlich ist, dass
die DDR in ihren Mahn- und Gedenkstätten die Darstellung des
Elends eher vermied und stattdessen Kampf und Sieg, wenigstens
aber Zukunftsorientierung herausstellte.

Gegenüber den Bildern der ausgemergelten und hilflosen Opfer muss man nicht zwangsläufig Mitleid und Solidarität empfinden. Sie sind zunächst einmal fremd und abstoßend.

Die meisten Gedenkstättenbesucher reagieren darauf eher mit Ekel, Abwehr und Distanz (Pampel: 48).

Ein anderer Gefühlskomplex lässt für die Zukunft allerdings noch viel Übleres erwarten. Schlagartig bewusst geworden ist mir dies vor einigen Jahren bei einem Besuch in der Gedenkstätte Majdanek beim Anblick einer Wächteruniform in einer Glasvitrine. Ich war nicht lange zuvor noch Lehrer für »schwierige«, vor allem männliche, Jugendliche gewesen. Warum sollten »meine Leute« an dieser Uniform etwas schlecht finden, fragte ich mich. Sie steht schließlich für die Zugehörigkeit zu einer Gruppe, die sich durch Macht, Stärke und unbeschränkte Kontrolle auszeichnete, was nicht wenigen der unterprivilegierten jungen Männer hoch attraktiv erscheinen muss.

Améry hat sich damit auseinandergesetzt, wie die Attraktivität selbst auf ihn, den Häftling, wirkte. Das Ausüben absoluter Macht erzeuge eine Art von »faktischer« Legitimität. Améry schrieb:

»Unweigerlich stellte sich nach einer gewissen Zeit etwas ein, das mehr war als nur Resignation und das wir als Akzeptierung nicht nur der SS-Logik, sondern auch des SS-Wertesystems bezeichnen dürfen. (…) Hatten jene, die ihn zu vernichten sich anschickten, nicht vielleicht recht gegen ihn, auf Grund des unbestreitbaren Faktums, dass sie die Stärkeren waren?« (Améry: 34)

»Mit ganzer Seele waren sie bei ihrer Sache, und die hieß Macht, Herrschaft über Geist und Fleisch, Exzeß der ungehemmten Selbstexpansion. Ich habe auch nicht vergessen, daß es Momente gab, wo ich der folternden Souveränität, die sie über mich ausübten, eine Art von schmählicher Verehrung entgegenbrachte. Denn ist nicht, wer einen Menschen so ganz zum Körper und wimmernder Todesbeute machen darf, ein Gott oder zumindest Halbgott?« (ebd.: 74)

»Staunend hat der erlebt, daß es in dieser Welt den anderen als absoluten Herrscher geben kann, wobei Herrschaft sich enthüllte als die Macht, Leid zuzufügen und zu vernichten.« (ebd.: 80)

Mag das NS-System auch verloren haben, in der Frage der Zufü-
gung von Leid und in der Ausübung unbedingter Macht über Individuen und ganze Gruppen von Menschen war es erstaunlich erfolgreich
und wird für alle attraktiv und wegweisend sein, denen an Ähnlichem
gelegen ist. Natürlich ist diese Attraktivität in Deutschland gesellschaftlich tabuisiert, randständig – wenn auch weniger, als es den Anschein
hat – und bezüglich einiger seiner Ausprägungen sogar verboten.

Andererseits ist gesellschaftlich ebenfalls nicht gewollt, was nichts
anderes ist als das rationale Werturteil im Sinne Nussbaums: der
Hass auf Nazis und Neo-Nazis.

Unsere Gesellschaft spricht zwar regelmäßig ein »Nie wieder«
gegenüber den nazistischen Verbrechen aus, scheut aber vor allzu harten Worten gegenüber den konkreten Tätern zurück. Selbstgratulatio-
nen aller Art herrschen vor, eine Art von Sühnestolz, dass man die Geschichte doch so hervorragend »aufgearbeitet« habe. Versöhnt möchte
man sein mit den Opfern, obwohl die Voraussetzung dafür, nämlich
wenigstens den Versuch der juristischen Aufarbeitung der Verbrechen
durchzuführen, insbesondere in der alten Bundesrepublik weitgehend
nicht geschaffen worden ist. »Wahrheits- und Versöhnungskommissio-
nen« hat es in Deutschland zwar nicht gegeben, aber das Ergebnis
ist dasselbe. Erwartet wird Entgegenkommen, Verständnis und Versöhnung von Seiten der Opfer, bei nur pauschaler Eingeständnis von
Schuld, konkret vorzugsweise nur, wenn die Beteiligten bereits tot sind.

Was als unangenehm, irgendwie peinlich und unbotmäßig gilt,
ist das Bestehen auf dem Ressentiment gegenüber den Tätern und
deren heutigen Anhängern. Ein Ressentiment zu haben, gilt als un-
verschämt und ungesund. Es ist wieder Jean Améry, der dazu das
Notwendige gesagt hat. Das Ressentiment ist Teil der fortwährenden
Zeit, es kann nicht vergehen:

> »Das Ressentiment blockiert den Ausgang in die eigentlich mensch-
> liche Dimension, die Zukunft. Ich weiß, das Zeitgefühl des im Res-
> sentiment Gefangenen ist verdreht, verrückt, wenn man will, denn es
> verlangt nach dem zweifach Unmöglichen, dem Rückgang ins Abge-
> lebte und der Aufhebung dessen, was geschah.« (Améry: 124)

Andererseits ist es angemessen und rational und eben nicht Ausdruck einer Krankheit. Améry bestand darauf: »Ich (...) bin nicht
›traumatisiert‹, sondern stehe in voller geistiger und psychischer Ent-
sprechung zur Realität da« (ebd.: 171).

Diese monströse Realität bestand darin, dass der Nazismus ganze Ethnien für überflüssig erklärte und ernsthaft ihre Ausrottung betrieb.

Missverständnisse über NS-Lager

Würde man fragen, wer während des NS-Regimes wann, wo, unter
welchen Umständen, von wem genau und warum getötet wurde, wären die Antworten unzusammenhängend oder verzerrt bis schlicht-
weg falsch. Das Wissen um die harten Fakten, von der politisch-histo-
rischen Einordnung ganz zu schweigen, geht rapide zurück, selbst bei
der wichtigen Multiplikatorengruppe der jungen Geschichtslehrer.

In der Vorstellung der Deutschen fand der Mord an den europäi-
schen Jüdinnen und Juden im Wesentlichen in Auschwitz statt. Wer
heute die Gedenkstätte Auschwitz auf dem Gelände des ehemaligen
KZs Auschwitz I (Stammlager) besucht, erlebt einen Andrang, ein
Gedränge und auch eine Security wie auf einem großen Flughafen.
Politiker aus aller Herren Länder zieht es hauptsächlich in eben diese
Gedenkstätte. Der deutsche Gedenktag für die Opfer des Nationalso-
zialismus am 27. Januar und auch die in vielen anderen europäischen
Ländern beziehen sich explizit auf die Befreiung von Auschwitz.

Was östlich der polnischen Kleinstadt Oświęcim an Gedenkstätten liegt, wird praktisch nicht wahrgenommen. Dies gilt insbesondere für die Gedenkstätten der Lager der »Aktion Reinhard«, also Sobibor, Belzec und Treblinka, in denen doch zusammen mindestens 1,7
Millionen Menschen ermordet wurden, d.h. mehr als in Auschwitz.

Timothy Snyder hat in seiner monumentalen Arbeit über die
»Bloodlands«, den breiten vom Baltikum bis zum Schwarzen Meer
sich hinziehendem Streifen Land, in dem sich sowohl die stalinisti-

schen als auch faschistischen Massenverbrechen überwiegend ereig-
net haben, eine Zusammenstellung dieser Fehleinschätzungen gegeben (Snyder 2010). Die Ermordung der europäischen Jüdinnen und
Juden war nur eines von mehreren bevölkerungspolitischen Zielen
des NS-Regimes. Bei der Mehrzahl der Ermordeten handelte es sich
um Angehörige slawischer Völker. Der größte Teil von ihnen wurde nicht in Lagern, sondern direkt vor Ort oder in nahegelegenen
Wäldern ermordet. Die häufigste Art des Tötens war das Erschießen
durch mobile Tötungskommandos, also eine direkte, per Hand aus-
geübte Tätigkeit. Dies betraf auch etwa die Hälfte der sechs Millionen ermordeter Jüdinnen und Juden, die niemals ein Lager zu sehen
bekamen. Der größte Teil der vergasten Jüdinnen und Juden wurde
in den Vernichtungsstätten der »Aktion Reinhard« ermordet. Snyder
schrieb:

> »Unter deutschem Kommando arbeiteten die Konzentrationslager
> und die Todesfabriken nach verschiedenen Prinzipien. Eine Verurtei-
> lung zum Konzentrationslager Belsen war eine Sache, der Transport
> in die Todesfabrik Bełżec etwas ganz anderes. Ersteres bedeutete
> Hunger und Zwangsarbeit, aber doch eine gewisse Wahrscheinlich-
> keit zu überleben; das zweite bedeutete den sofortigen und sicheren
> Tod durch Erstickung. Das ist, ironischer weise der Grund dafür, wa-
> rum sich die Menschen an Belsen erinnern, aber Bełżec vergessen.«
> (Snyder: 381)

Für die deutschen Täter ordnete sich das Massentöten in einen grö-
ßeren Kontext ein. Dieser war die Gewinnung und Sicherung eines
riesigen neuen Herrschaftsraumes. Im Vordergrund stand für sie die
Führung des Krieges, auf den sie den allergrößten Teil ihrer Anstrengungen richteten. Ziel war es, den Judenmord mit möglichst gerin-
gem Aufwand durchzuführen (Baumann: 153). In den Vernichtungslagern taten nicht mehr als 4.000 Mann gleichzeitig Dienst, davon
alleine 3.000 in dem großen Komplex Auschwitz. Die SS betrachtete
den dort zu verrichtenden Dienst als zweitklassig, entsprechend wurden die weniger tauglichen SS-Männer dort eingesetzt und außerdem nur mit minderwertigen Waffen ausgestattet (Hilberg: 969, 978).

Beklemmende Dokumente für das aus Sicht der Täter Neben-
sächliche der Massenmorde sind die seit kurzem dokumentierten
Abhörprotokolle deutscher Kriegsgefangener (Neitzel/Welzer 2011).
Die britischen und amerikanischen Behörden belauschten sie während des Krieges heimlich in speziellen Gefangenenlagern. Sich ungestört fühlend, räsonierten die Wehrmachtssoldaten über Techniken
des Krieges und ließen nebenbei deutlich werden, dass sie über Massenmorde gut Bescheid wussten. Nur interessierte sie das im Wesentlichen nicht.

Der schlimmste aller Orte war nicht Auschwitz. Auf einer Skala
des Schreckens rangieren die drei »Lager« Sobibor, Belzec und Treblinka vor Auschwitz und Majdanek. Es gab dort keine Selektionen,
aus denen sich ein zumindest vorübergehendes Weiterleben ergeben konnte. Die Insassen der ankommenden Züge wurden sofort
und vollständig umgebracht. Es waren überhaupt keine »Lager«,
also gefängnisartige Aufbewahrungsorte, sondern Tötungszentren.
Sie bestanden demzufolge nur aus den Bahnanlagen, den Gaskammern, den Anlagen zur Vernichtung der Leichen, den Baracken
und anderen Versorgungseinrichtungen der Mannschaften, den ka-
schierten Zäunen und den Sortier- und Aufbewahrungsräumen für
die Beute. Die Mordstätten waren klein und die Bedienungsmann-
schaften aus SS und ukrainischen Hilfskräften zählten nur nach
einigen Dutzend. Dass nicht 100 % der Opfer umkamen, sondern
nur 99,99 %, ergab sich aus dem Umstand, dass die Mörder den
mitgebrachten Besitz der Opfer verwerten wollten. Sie hatten aber
nicht vor, die notwendige Arbeit selbst zu verrichten, geschweige
denn die Leichen zu entsorgen. Nur daraus ergab sich, dass sehr
wenige willkürlich aus den Zügen ausgesuchte Verschleppte eine
Zeit lang weiterleben konnten. Nur aus dem Kreis dieser wenigen
Menschen gab es Widerstand und geglückte Fluchten und daraus
resultierend Berichte über die Geschehnisse. Am Ende des Krieges
zählte man 87 Überlebende (Sereny: 100) dieser Vernichtungsstätten, von denen nur einige wenige Berichte gegeben haben. Auf
dem deutschen Buchmarkt gab es lange Zeit kein einziges Werk

zu diesem Themenkomplex, was in frappierendem Gegensatz zu
einer kaum zu überblickenden Menge an Literatur über Auschwitz
steht. Für das Registrieren, Einfangen, Ghettoisieren und den Trans-
port der zu tötenden Jüdinnen und Juden in der zweiten Phase des
Mordens ab 1942 wurden ausgeklügelte arbeitsteilige und bürokra-
tische Methoden verwendet. In diese wurden die Bürokratien der
unterworfenen Länder eingebunden. Die Opfergemeinschaft der
Jüdinnen und Juden wurde gezwungen, »Judenräte« einzurichten.
Diesen wurde vorgegaukelt, dass es im »eigenen Interesse« sei, für
die Deutschen zu arbeiten. Dieser Massenmord war eben gerade
kein Rückfall in die Barbarei, sondern im Gegenteil nur in der Moderne möglich. Das Töten erfolgte nach dem Prinzip des Fließban-
des. Es sollten möglichst nicht mehr Juden »angeliefert« werden,
als »verarbeitet« werden konnten. Auch das Töten in Gaskammern
war eine spezifisch nazistische Erfindung. Doch man muss den Ausdruck des »industriellen Tötens« trotzdem hinterfragen. Am Ende
des Prozesses, der an die Bahnrampen von Auschwitz oder Treblinka führte, standen immer konkrete Täter. Selbst in den »fortschritt-
lichen« Lagern erreichte der Akt des Tötens nie mehr – wenn der
perverse Vergleich vorgenommen werden darf – als den Stand der
arbeitsteiligen Manufaktur. Mit Schlägen und Stößen wurden die
Häftlinge weitergetrieben, wo Lügen und Täuschungen nicht mehr
halfen. Die in der Gedenkstätte Auschwitz ausgestellten Zyklon B-
Dosen zeigen noch heute die Spuren der Dosenöffner, mit denen
sie geöffnet wurden. Die Täter hatten anschließend nicht mehr zu
tun, als den Inhalt durch eine schliche Luke in einen Betonraum zu
werfen.

Die potenziellen Besucher der Stätten dieses Horrors, insbesondere von Auschwitz, werden in Prospekten, Ankündigen und der-
gleichen häufig mit Redewendungen wie »Besuch des Vernichtungslagers Auschwitz« oder »Besichtigung des Konzentrationslagers«
angesprochen. Tatsächlich ist das, was man auf gar keinen Fall betritt
und wo man nicht »ist«, ein Konzentrationslager.

Als der britische Journalist Alexander Werth im August 1944 das wenige Wochen zuvor befreite Lager Majdanek besuchte, musste er sich danach weiße Menschenasche von den Schuhen klopfen. Selbst er hatte bereits Schwierigkeiten, sich diesen Ort als den, der er gewesen war, vorzustellen. Es gab die Abläufe nicht mehr, die Funktionen, die Majdanek erst zur Vernichtungsstätte Majdanek machten. Seine Reportage wollte die BBC nicht senden, denn man hielt sie – acht Monate bevor britische Truppen Bergen-Belsen befreiten – für unglaubwürdig. Werth schrieb später:

>»Meine erste Reaktion beim Anblick des Lagers war ein Gefühl der Überraschung. Ich hatte mir irgendetwas Schreckliches, Sinistres, vorgestellt, aber nichts davon. Von außen sah alles ganz harmlos aus. Als wir vor einem Häuserkomplex hielten, der aussah wie eine größere Arbeitersiedlung, frage ich ungläubig: »Ist es das?« Hinter uns lag Lublin mit seinen vielen Türmen. Die Straße war staubig, das Gras hatte eine stumpfe, graugrüne Farbe. Das Lager war durch zwei Reihen Stacheldrahtzaun abgetrennt, die nicht besonders furchterregend aussahen.« (Werth: 648 f)

Das, was NS-Opfer berichten, erscheint im Grunde unglaubwürdig. Bereits im ersten Moment, in dem die Lager Vergangenheit geworden waren, wurden die Erfahrungen ihrer Insassen bestritten. Semprún erlebte dies in Form einer französischen Militärdelegation unmittelbar nach dem 19. April 1945. Die weiblichen Angehörigen der Delegation wollten sich das Lager, das keines mehr war, zeigen lassen. »»Aber das sieht ja gar nicht so schlecht aus‹, sagte in diesem Augenblick die eine« (Semprún 1981: 72). Semprún konnte den jungen Frauen, die noch alle Baracken, Zäune und ausgemergelten Häftlinge vor sich hatten, auch noch das Krematorium und die Leichen im Hof zeigen. Das verdarb ihnen ihre positive Einschätzung.

Das, was diese Orte zu Konzentrations- und Vernichtungslagern gemacht hat, ist mit der Minute, in der die SS-Herrschaft beendet wurde, verschwunden. Der »Aggregatzustand« des KZs ist verschwunden und kann nur noch vorgestellt werden.

Wer heute das »ehemalige deutsche Konzentrationslager Auschwitz« – so die offizielle polnische und richtige Bezeichnung – besucht, betritt einen Ort, der vieles zugleich ist: ein ehemaliger Tatort, ein Friedhof, ein Museum, ein Ort zur Stiftung divergierender politischer Selbstverständnisse und eine archäologische Stätte.

- Als Tatort war es ein Ort, an dem man nach Spuren eines Verbrechens suchte, an dem man Art, Ablauf und Mittel der Tat untersuchen konnte.
- Als Friedhof ist es ein Ort der Besinnung, der Trauer und des Gedenkens. Es ist ein faktischer, nicht ein gewünschter Ort der Bestattung. Als jüdischer Friedhof ist er ewig.
- Als Museum dient das Gelände der Information und Bildung der zahlreichen Besucherinnen und Besucher.
- Um zu einem Ort der Identitätsstiftung werden zu können, musste er baulich verändert werden, insbesondere ein Denkmal erhalten. Insgeheim und ungewollt ist es auch für manche ein Ort der Identifikation mit den Tätern.
- Als archäologische Stätte wird Auschwitz ewig bleiben. Man wird immer neu fragen können, was dort geschehen ist.

In einer Matrix zusammengefasst:

	Ortsbindung	Handeln von Fachleuten	Verbot von Nicht-Fachleuten	Dauer der Wertigkeit	Beteiligung von Menschen	Ortsveränderung
Tatort	x	x	x	kurz		verboten
Friedhof	x			lange/ewig		notwendig
archäologische Stätte	x	x	x (unter Aufsicht)	ewig		kontrolliert
Museum		x		willkürlich	möglichst viele	geboten
Identitätsstiftungsorte				willkürlich	möglichst viele	üblich

Auschwitz ist darüber hinaus allerdings auch noch etwas anderes, nämlich ein touristischer Ort. Orte des Schreckens und des Mordes aus Neugier zu besuchen, ist keine Erfindung der Moderne, hat aber erst in dieser ein solch riesiges Ausmaß angenommen, dass man dafür einen eigenen Begriff erfunden hat – »Dark Tourism« (vgl. Lennon/Foley 2010). Der »dunkle Tourismus« braucht allerdings wie jeder Tourismus einige Voraussetzungen. Der Ort muss gut und gefahrlos erreichbar sein, es muss dort eine Infrastruktur aus Cafés und Geschäften geben und es bedarf einer »touristischen Ressource«, etwas was anzuschauen sich lohnt.

In Majdanek gibt es zwar etwas zu sehen – wenigstens so viel wie in Auschwitz – aber Lublin liegt nun einmal weit im Osten Polens. Noch schlechter sieht es touristisch gesehen für Sobibor, Belzec und Treblinka aus. Die Deutschen hatten dort ihre Pläne erfolgreich abschließen können. Nachdem die Einrichtungen den ihnen zugedachten Zweck – die Ermordung der polnischen Juden – weitgehend erfüllt hatten, wurden sie planmäßig abgebaut, Bäume gepflanzt und landwirtschaftliche Gebäude errichtet. Zu sehen gibt es also keine authentischen Baracken oder ähnliches. Erst in jüngster Zeit ist in dem polnischen Dorf Bełżec eine Gedenkstätte und ein Museum über das deutsche Vernichtungslager »Belzec« errichtet worden. In Sobibor und Treblinka gibt es Mahnmale und sehr bescheidene Museen.

Man kommt nur umständlich an diese drei Orte und es mangelt am Komfort. Auschwitz hingegen kann man von Krakau aus bequem erreichen. Man bucht für 99 Zloty ein »touristisches Paket«.

Das Museum der Gedenkstätte Auschwitz befindet sich im ehemaligen Auschwitz I, enthält aber dislozierte Artefakte aus Auschwitz-Birkenau. Unbehagen erzeugt, wie mit dem Komplex umgegangen wird. Man möchte den äußeren Eindruck unbedingt erhalten und bekämpft deshalb, ohne dies deutlich zu machen, energisch das Verfaulen der Holzbaracken und das Verfallen der Steinbauten, wodurch paradoxerweise das Lagergelände immer unauthentischer wird. Außerdem wurde die historische Bausubstanz für museale Zwecke genutzt und überformt (Lennon/Foley: 61 ff).

Wenn der Besuch des Ortes Auschwitz oder der anderer früherer Vernichtungsstätten aber notwendigerweise so weit entfernt ist von der Realität des KZs, wie kann man sich trotzdem ein Bild machen? Benötigt werden außer den Artefakten die Zeugnisse der Überlebenden, die im Wesentlichen in schriftlicher Form vorliegen. Darüber hinaus darf und muss es eine künstlerische Darstellung und Interpretation geben. Zu sagen, dass sechs Millionen Jüdinnen und Juden ermordet wurden, ist zwar richtig, aber zunächst folgenlos, weil unverständlich. Es bedarf künstlerischer Repräsentationen, von denen eine hier noch vorgestellt werden soll. Es ist das Dokumentarpuppenspiel »Kamp« der niederländischen Kompanie »Hotel Modern«. (Premiere in 2005, www.hotelmodern.nl) Es bewertet nicht und ordnet nicht ein, sondern zeigt ausschließlich, was vor sich ging. »Kamp« ist ein Kunstwerk über Auschwitz, das nur insofern Rücksicht auf die Gefühle von Überlebenden oder ihrer nahen Angehörigen nimmt, als Personen nur als Puppen vorkommen. Es schließt die Perspektive der »eigentlichen Zeugen« im Sinne Primo Levis mit ein, also der in den Gaskammern Ermordeten, deren Zeugenaussagen nicht existieren und nicht existieren können (vgl. Levi 2015: 86).

Wer eine Aufführung besucht, sieht auf der Bühne als erstes ein riesiges Modell des KZs Auschwitz, bei genauerem Hinsehen ein Amalgam aus Stammlager und Birkenau. Vorgetäuschte »Authentizität« wie im Film (z.B. »Schindlers Liste«) gibt es nicht, nur Pappe, Knetmasse, Schnüre, Draht und Farbe. Die Züge der etwa 3.000 fingergroßen Puppen sind handgefertigt. Wirklich individuell sind sie aber nicht. Sie erinnern an die ausgemergelten Gesichter, die man von vielen Fotos aus den Lagern kurz nach der Befreiung kennt.

Drei Künstler erwecken dieses Lager zum Leben, indem sie sich wie Gulliver im Lande Liliput darin bewegen und mit den kleinen Puppen hantieren. Die meisten von ihnen sind auf Platten montiert, andere sind für die Ausübung von Funktionen vorbereitet. Die einen laufen, essen, schuften, sterben und verbrennen, die anderen saufen, bewachen, schlagen und töten.

Als Zuschauer kann man sich aussuchen, ob man den Künstlern oder den Puppen zusieht oder – und das ist die dritte Ebene, die »Kamp« so verstörend macht, – den per Minikamera live auf eine Leinwand übertragenen Bildern der Puppen. Es sind entweder lange Kamerafahrten über die Reihen der Figuren oder Aufnahmen vom Leben und Sterben im Lager. Alles wird ohne Worte dargestellt, aber mit überdeutlichen Geräuschen: dem Kratzen der Löffel im Napf, dem Scharren der Waggontüren oder dem Rieseln der Giftgaskristalle.

Die Beobachtungen aus dem »Betrieb« folgen keiner erkennbaren Choreografie. Die Künstler können überall ins Detail gehen, indem sie sich mit ihrer Kamera herunterbeugen, kleine Lampen anschalten, mal ein Dach abheben, einen Zug schieben oder Puppen mit Drähten bewegen. Die zittrigen Bilder erinnern an Handykamera-Fotos aus Kriegsgebieten.

»Kamp« zeigt, wie einfach das Vernichtungslager funktionierte. Es zeigt also einerseits viel mehr als gewohnt. Andererseits sagt es nichts über die Ursachen aus, was kein Problem wäre, würden andere Bildungsangebote vermitteln, wie die Lager in den deutschen imperialistischen Krieg eingebunden waren. Genau das geschieht aber zunehmend nicht. Man kann heute KZ-Gedenkstätten verlassen, ohne einmal das Wort Krieg gehört zu haben.

Im gleichen Monat wie Alexander Werth, ebenfalls im August 1944, besuchte der sowjetische Schriftsteller Wassilij Grossmann das Gelände des Vernichtungslagers Treblinka und schrieb – nachdem er über die »grundlose, schwammige Erde« gewankt war – eine Reportage, die zu ähnlichen Schlüssen kam wie »Kamp«, nämlich: So kompliziert war das alles nicht, oder in seinen Worten:

> »Wir müssen eingedenk sein, dass der Rassenwahn, der Faschismus, aus diesem Krieg nicht nur den bitteren Geschmack der Niederlage davonträgt, sondern auch die süße Erinnerung, wie leicht der Massenmord gelingt.« (Grossmann 1946: 52)

Sowohl Werth als auch Grossmann machten in ihren Texten Anläufe, sich vorzustellen, was in den Menschen vor sich ging, hinter denen sich die Türen der Gaskammern schlossen. »Kamp« zeigt, wie es aussah.

Italienisches

Die drei Duces – Das Entstehen der faschistischen Bewegung im Ersten Weltkrieg

Die erstmalige Ausbildung dessen, was wir als faschistische Ideologie und Ästhetik und als faschistischen Politikstil kennen, erfolgte während des und unmittelbar im Anschluss an den Ersten Weltkrieg an einem sogenannten Nebenkriegsschauplatz, in Italien. Dass Italien überhaupt und dann auf Seiten der Entente in den Krieg eintrat, war keineswegs selbstverständlich. Entsprechend seiner alten Bündnisverpflichtungen mit Deutschland und Österreich-Ungarn marschierten die italienischen Truppen im August 1914 zunächst pflichtschuldig an die französische Grenze. Doch die politische Führung, namentlich Ministerpräsident Salandra und Außenminister Sonnino, interpretierte die Situation auf eigene Art und Weise. Die Gelegenheit schien günstig, den italienischen Nationalstaat zu »vervollständigen« und mit dem Schlagwort »Irredenta« die »unerlösten« Gebiete zu befreien, d. h. die Grenzen im Nordosten bis an den Alpenkamm und vor allem in Richtung Istrien zu erweitern. »Trento« und »Triest« waren die zu erlösenden, vorgeblich italienischen Städte, sie waren das erklärte Motiv für den Kriegseintritt am 23. Mai 1915. Darüber hinaus richtete sich das Augenmerk noch auf dalmatische Gebiete, die beim besten Willen nicht als italienisch zu interpretieren waren. Salandra prägte für den schnöden Verrat die Vokabel »sacro egoismo« – »heiliger Egoismus«. Der Kriegskurs gegen die k.u.k.-Monarchie und mittelbar gegen Deutschland war riskant. Im Gegensatz zu den anderen Kriegsteilnehmern musste in Italien außerdem eine starke kriegsfeindliche Stimmung der Bevölkerung überwunden

werden. Schwierigkeiten machten insbesondere der Papst, die Sozialisten, die Bauern und die Frauen. Nationalismus, Annexionismus,
Demokratiefeindlichkeit und Militarismus gingen unter Salandra
Hand in Hand. Damit aus dieser Mischung etwas Neues, das spezifisch Faschistische entstehen konnte, bedurfte es noch zweier weiterer Zutaten: erstens der Bildung der sogenannten »Kriegspartei« als
ein loses Bündnis aus Presse, Verbänden und Ideologen, namentlich
D'Annunzio und Mussolini, und zweitens der spezifisch italienischen
Art und Weise der Kriegführung.

Der Ideologen-Typus, der zur Bildung der Kriegspartei nötig war,
ist auch in der heutigen italienischen Politik nicht unbekannt. Über
viele Jahre prägte Silvio Berlusconi die italienische Politik auf eine
Art und Weise, die die Sendung »Kulturzeit« des Senders arte einmal dazu veranlasste, ihn als »Mann, der ein ganzes Land fickte« zu
charakterisieren. Damit war nicht nur das »Bunga-Bunga«-Geprotze
und der Einkauf minderjähriger Prostituierter gemeint. Es ging der
»Kulturzeit« um die hemmungslose Indienststellung des Staates für
persönliche Interessen, die Rechtsbeugung, das Sich-heraus-Reden
aus allen Schwierigkeiten, die Diffamierung anderer, das Fallenlas-
sen von Freunden und Verbündeten und den dauernden Appell an
die Dummheit und das Böse im Menschen.

Wenig beachtet schlug die Regierung Berlusconis 2002 den Bogen
zur Kriegspartei des Ersten Weltkrieges, indem sie eines ihrer zentralen ideologischen Produkte auf der italienischen 20-Cent-Münze
verewigen ließ. Es handelt sich um Umberto Boccionis Skulptur
»Forme uniche della continuità nello spazio« (Einzigartige Formen
der Kontinuität im Raum) von 1912. Eine schreitende Figur, die ideo-
logiekritisch gesehen die Urform aller erdachten Mann-Maschinen,
aller »Robocops«, »Terminatoren« usw. ist. Die flammenumloderte,
metallische, männliche Figur stürmt voran und ist dabei gesichtslos.
Der Mann wird hier selbst zum durchschlagenden Geschoss, wird
zugleich entindividualisiert und überhöht. Es ist der Gegenentwurf
zum Menschenbild der italienischen Renaissance-Plastiken, zu Indi-
vidualismus, Liberalismus und Sozialismus.

Boccioni war einer der führenden Vertreter der italienischen Künstlergruppe der »Futuristen«, die nach der Jahrhundertwende für Aufsehen sorgten, indem sie Technik und alles Moderne rigoros bejahten. Ideologisch uneinheitlich und widersprüchlich, beeinflusste sie z. B. auch den Kubismus und die frühe Sowjetkunst. Flugzeuge, Eisenbahnen, Zeitungen, Explosionen usw. wurden von ihr begeistert in Malerei, Plastik und Text besungen und von ihrem Vordenker Filippo Marinetti in »Manifesten« beschworen. Was am Futurismus heute besonders irritierend wirkt, sind sein Antifeminismus und seine Gewaltbejahung. So schrieb Marinetti 1909 im »Futuristischen Manifest«: »Wir wollen den Krieg verherrlichen – diese einzige Hygiene der Welt – den Militarismus, den Patriotismus, die Vernichtungstat der Anarchisten, die schönen Ideen, für die man stirbt, und die Verachtung des Weibes.« Zum Unglück der Welt fanden die Futuristen Gelegenheit, ihre Vorstellungen in die Propaganda für einen tatsächlichen Krieg und anschließend in die Formierung einer neuen politischen Ideologie einzuführen.

Die »Hardware« dafür lieferte aber ein anderer, der italienische Oberbefehlshaber General Luigi Cadorna. Cadorna trat sein Amt im August 1914 an und war beseelt von der Vorstellung eines »einheitlichen Kommandos«, natürlich seines eigenen. Stärker noch als in anderen Ländern führte er den Krieg unabhängig von politischer Kontrolle und Leitung. Es handelte sich um einen offenen Angriffskrieg. Sein vorrangiges Ziel war die Eroberung der istrischen Halbinsel, des einzigen Adria-Zugangs der k.u.k-Monarchie. Der italienisch-habsburgische Krieg fand deshalb überwiegend in einem schmalen Streifen entlang des kleinen Flusses Isonzo im heutigen italienisch-slowenischen Grenzgebiet statt. Man kann es sich bequem mit zwei oder drei Wanderkarten vergegenwärtigen. Dass Cadorna seine Schlachten im Stile von Massenselbstmorden plante und durchführte, indem er seine Soldaten gegen befestigte gegnerische Stellungen, gegen Stacheldraht und Maschinengewehre anrennen ließ, machte ihn beileibe nicht zum einzigen Feldherrn seiner Zeit. Einzigartig aber war seine erschütternde Unbelehrbarkeit selbst nach andauernden Fehlschlägen, die dazu führte, dass der Gegner seine Aktionen hämisch durchnummerierte. Das Kriegsgeschehen an diesem Schauplatz wird deshalb heute als die »12 Isonzo-Schlachten« beschrieben. Nach elf dieser Schlachten waren für den Geländegewinn von wenigen tausend Metern fast 700.000 italienische Soldaten gestorben, ebenso viele verwundet und verstümmelt, von den toten Zivilisten und habsburgischen Soldaten ganz zu schweigen.

Cadorna glaubte fest daran, dass es seinen Soldaten nur am nötigen Willen mangele, an der Bereitschaft, selbst zur Kugel zu werden, um das von ihm gewünschte Resultat zu erreichen. Da dies nicht funktionierte, entfesselte er ein Terrorregime in den eigenen Reihen. Er förderte besonders brutale und sadistische Offiziere und Generäle, so die späteren faschistischen Kriegsverbrecher Graziani und Badoglio, die ihre Truppen mit summarischen Erschießungen (»Dezimierungen«) gefügig hielten. Auf diese Weise wurde Cadorna zum ersten italienischen »Führer«, zu »il duce superior«, als den ihn die Presse feierte.

Doch am Ende seiner Karriere stand ein militärisches Desaster, das man im Deutschen als das »Wunder von Karfreit« kennt. Man möge sich vorstellen, die Wehrmacht hätte nach Stalingrad die Wende geschafft und den Krieg gewonnen. Das etwa bedeutet die Niederlage von »Caporetto« für die italienische Tradition und Kultur. Was war geschehen?

Im Oktober 1917 brachen beim kleinen Ort Caporetto die zu Hilfe geeilten und erstmalig eingesetzten deutschen Truppen durch die italienischen Linien und lösten eine Massenflucht aus, die erst nach 100 und mehr Kilometern am Fluss Piave gestoppt werden konnte. Für zwei Wochen schien das Ende des Krieges unmittelbar bevor zu stehen. Hunderttausende Italiener warfen ihre Waffen weg und gingen nach Hause. An »Caporetto« nahmen zwei Kontrahenten teil, die man zusammen kaum an einem Ort vermuten würde: Ernest Hemingway und Erwin Rommel. Hemingway schrieb anhand seiner Erfahrungen als Ambulanzfahrer in der italienischen Armee seinen ersten großen Roman »In einem anderen Land«. Er fand hier zu

seinem typischen Stil. Der Roman dokumentiert seine Abscheu vor
dem Krieg, im Originaltitel sagt er »Lebewohl« zu den Waffen (»A
Farewell to Arms«, 1929). Hemingways betont trockener Stil kontrastiert auf das schärfste mit dem nationalistischen Schwulst, der die italienische Literatur bestimmte. Er leiht seine Stimme den zu Soldaten
gemachten Bauern, die vor allem von einer Furcht gequält werden
– der vor den eigenen Offizieren und der Hinrichtung aufgrund von
Versehen und Nichtigkeiten.

Rommels »Infanterie greift an!« von 1937 muss man gleichfalls
als einen Klassiker verstehen. Das Buch referiert nicht nur die tat-
sächliche Überlegenheit der deutschen Truppen an dieser Front,
sondern hilft zu verstehen, wie es dazu kommen konnte, dass auch
die Gesamtniederlage im Ersten Weltkrieg das Selbstbewusstsein der
deutschen Militärs nicht ernsthaft beschädigte. Er beschreibt, wie ein
»Blitzkrieg«, hier noch mittels der Infanterie, das Überwinden großer
Hindernisse und feindlicher Übermacht durch exzellente Vorbereitung, Durchführung und vor allem Willenskraft möglich machte. Mit
dieser falschen Sicherheit sollte Rommel im nächsten Weltkrieg als
Panzergeneral französische und britische Truppen in Frankreich und
Afrika angreifen, um am Ende doch gemeinsam mit der gesamten
deutschen Generalität an den strategischen Realitäten zu scheitern.

Auch im Ersten Weltkrieg rettete vor allem die »Gesamtlage« den
italienischen Staat. Ein Jahr nach Caporetto war die tief im Feindes-
land stehende österreichische Armee vom Hunger zerrüttet, die In-
dustrieproduktion zusammengebrochen, der Vielvölkerstaat in Auflösung und das Bündnis der Mittelmächte zerfallen. Noch im Oktober
1918 folgte das militärische und psychologische Gegenstück zu Caporetto, der Sieg bei Vittorio Veneto. Der Sieg Italiens in dieser Schlacht
machte die Kriegsziele von 1915 wahr. Die triumphale Siegesmeldung
von Cadornas Nachfolger General Diaz wurde zur auswendig zu ler-
nenden Schulbuchlektüre, zum Beleg für Italiens Großartigkeit.

In den folgenden Monaten des Jahres 1919 formierte sich der italienische Faschismus in Form der Kampfbünde »Fascio di combatti-
mento« unter Benito Mussolini.

Doch noch einmal zurück ins Jahr 1915. Mussolini erschien noch 1918/1919 als bessere Hilfskraft für den damals bekanntesten lebenden Italiener, den größten Ideologen des Krieges und den zweiten als »Duce« Gefeierten: Gabriele D'Annunzio. Eine neue Biografie von Hughes-Hallet schildert den Schriftsteller D'Annunzio als unappetitlichen Aufschneider, Nach-vorne-Drängler, Schuldenmacher, Plagiator, Sexsüchtigen, Betrüger und Flachschreiber. Er war ein unerhört erfolgreicher Selbstdarsteller, der die vorhandenen und sich entwickelnden neuen Massenmedien virtuos nutzte und seine Aktionen bewusst für diese inszenierte.

Das erstaunlichste an seiner Lebensgeschichte ist, dass ihn bis 1914 nicht längst einer der zahllosen Betrogenen und Ausgenutzten vergiftet oder niedergeschossen hatte. So aber wurde er zum publizistischen Anführer der Kriegspartei. Seine Reden von Mai 1915 bezeichnet Mark Thompson, der auf den italienischen Kriegsschauplatz spezialisierte Historiker, als die ersten »faschistischen«. Sie erschrecken durch ihre Maß- und Hemmungslosigkeit und ihre Aufrufe zur Jagd auf den »inneren Feind«, das heißt auf alle, die nicht dem äußersten Chauvinismus zustimmten. Für ihn sind sie wie »ein Tier, das gewohnt ist, sich im Dreck zu wälzen und aus dem Trog zu fressen«. »Macht eure schwarzen Listen, erbarmungslos«, heißt es weiter, und »Pflastersteine seien zur Steinigung herauszureißen« (D'Annunzio am 17.5.1915).

Im Zentrum der Kriegsrhetorik D'Annunzios steht aber die Ankündigung ungeheurer Opfer: Das neue Italien könne nur durch eine unerhörte Reinigung entstehen; dadurch, dass alles Faule und Verderbte verbrannt werde und dass hunderttausende Junge auf dem Altar des Vaterlandes geopfert würden. Er fasste es in einem Wort zusammen, bei dem der heutige Leser zusammenzuckt: »Holocaust«. D'Annunzio knüpfte an die katholische Geschichte des Begriffes an, um ihn aber in einer für ihn typischen Exaltiertheit ins Ungeheure aufzublasen. D'Annunzio ließ sich auch durch eigene Anschauung nicht von diesen Widerlichkeiten abbringen, ganz im Gegenteil. Als privilegierter Sonder-Kriegsfreiwilliger – als würde Thomas Gott-

schalk in Afghanistan vom Hubschrauber aus Taliban erschießen –
erlebte er Cadornas Krieg hautnah mit und verstieg sich zusehends
in nekrophile Scheußlichkeiten. Seine Interpretation des »Fasci«-
Symbols spricht Bände. Er beobachtete nämlich, wie die Armee ihre
Toten im Hochgebirge tiefgefroren wie Holzscheite in Zehnergrup-
pen aufstellte, um sie besser zählen zu können. Begeistert assoziierte
er das altrömische Machtsymbol der »Fasces«, das von einem Ruten-
bündel umgürtete Beil, das zum Symbol des italienischen Faschismus
werden sollte.

Seine größte Stunde schlug, als sich 1919 zeigte, dass sich die
italienische Regierung bei ihren Verhandlungen mit den Sieger-
mächten nicht vollständig durchsetzen konnte. Die maximalistischen
Forderungen vom Immer-noch-Außenminister Sonnino stießen auf
den Widerstand insbesondere von US-Präsident Wilson. Zankapfel
wurde die kleine Hafenstadt Fiume, das heutige Rijeka, an der Ost-
seite Istriens. Die eigene imperialistische Regierung übertrumpfend,
ergriffen hier am 12. September 1919 desertierte Soldaten unter der
Führung D'Annunzios die Macht und errichteten für 15 Monate
einen proto-faschistischen Operettenstaat. Theoretisch als Hochver-
räter, praktisch aber als Held und unterstützt von der italienischen
Armee, marschierte er wie ein Cäsar mit Blumen überhäuft in Fiume
ein – allerdings mit Verzögerung, bis die Filmkameras bereit waren.

Das Ensemble faschistischer Ästhetik taucht hier zum ersten Mal
gebündelt auf: der vom »Duce« angeführte »Marsch auf …«, die
»Blutfahne«, der ausgestreckte rechte Arm, die in schwarzen Hemden aufmarschierenden Kampfbünde, die Schlachtrufe und -gesänge,
das Totenkopfsymbol, die in den Hüften aufgesetzten Fäuste, Balkon-
reden, um die Masse in Hysterie zu schreien, ein ethnischer Dünkel,
die in den Abgrund führende maximalistische Rede.

Fiume wurde für D'Annunzio zur »Citta della holocaust« – zur
Stadt des Holocaust. Von dort aus sollten Funken der Opferfeuer in
die ganze Welt fliegen und einen Weltbrand entfachen. Wer heute
von »Holocaust« spricht, sollte bedenken, dass der ursprünglich katholische Begriff für eine »Opfergabe« in der Moderne zunächst als

faschistischer Eigenbegriff wieder auftauchte. Letztlich fehlte D'Annunzio aber das Gespür für das politisch Machbare. Ähnlich wie in Deutschland Ernst Jünger interessierte er sich vornehmlich für sich selbst, und auch ihm waren die schlimmsten Gräuel immer nur »interessant« um ihres ästhetischen Eindrucks willen. Ende 1920 beendete die italienische Regierung das Fiume-Experiment mit einigen Kanonenschüssen, und der Duce zog trotz der ausgegebenen Losung »Fiume oder der Tod« nach Italien zurück.

Aus dem Schatten D'Annunzios trat der dritte Duce hervor: Benito Mussolini. Bis September 1914 war Mussolini Chef der Zeitung »Avanti« der sozialistischen Partei und galt als »radikaler Linker«. Der Umschwung Mussolinis von ganz links nach ganz rechts beschäftigt die italienische Linke bis heute. Sein jüngster Biograf R. J. B. Bosworth führt dazu aus, dass Mussolinis Denken immer etwas Voluntaristisches angehaftet habe, die Welt sollte sich so verändern, wie er es wollte. Der »Neutralismus« von 1914 erschien ihm als »passiv«, der »Interventionismus« als »aktiv«. Zahlungen von Geheimdiensten der Entente sollen beim inneren Umschwung wie bei D'Annunzios Aktivitäten mitgeholfen haben.

Dunkle Gelder scheinen auch bei Gründung und für den Unterhalt seiner neuen Zeitschrift »Il Popolo d'Italia« im Herbst 1914 im Spiel gewesen, die nach seinem Ausschluss aus der Partei erfolgte. Das spätere offizielle Organ der faschistischen Bewegung ist mithin das direkte Ergebnis und Instrument der ideologischen Formierung für den Angriffskrieg. Hier forderte Mussolini z. B. 1915 die Erschießung von Abgeordneten, die sich dem Krieg verweigerten. Insbesondere nach Caporetto verschärfte sich die Hasskampagne gegen angebliche Verräter und Sozialisten und der Ruf nach der starken Hand (seiner eigenen). Die eigentliche Macht seiner 1919 gegründeten Partei, die eine Bewegung sein sollte, beruhte auf den »Arditi«, ehemaligen Angehörigen der italienischen Stoßtruppen in ihren schwarzen Hemden. Sie waren es, die die sozialistische Bewegung buchstäblich zerschlugen.

Es sollte noch mehrere Jahre dauern bis zur Entwicklung der vol-

len Diktatur Mussolinis. Seine Vorgänger bzw. Konkurrenten stellte
er mit Geschick ruhig. Marinetti wurde zum aktiven Mitglied der faschistischen Partei und zu einer Art Staatsdichter. Nach General Cadorna wurden Straßen und Plätze benannt, die man noch heute vor-
findet. Und der alternde D'Annunzio wurde mit Hilfe einer schönen
Villa und der Erfüllung zahlreicher Privatwünsche ruhiggestellt. Der
freundliche Feierabend war Mussolini selbst nicht vergönnt. 1945 erschossen und an den Füßen aufgehängt, ruht inzwischen seine Leiche
im Familiengrab als Wallfahrtsort für heutige Faschisten.

Auschwitz als Steinbruch: Giorgio Agamben

Wer hätte gedacht, dass eine wohltemperierte Mietwohnung mit vol-
lem Kühlschrank eigentlich ein KZ ist? Zu diesem Schluss kommt
der Münsteraner Professor Ingo Zimmermann in seinen Vorlesungen zum Thema Auschwitz:

> »Wenn es den in den Lagern des faschistischen Regimes Internier-
> ten noch so vorkommen musste, als sei das Lager der ihnen zwangs-
> weise zugeordnete Platz in der Welt, so müssen wir heute und im
> Gegensatz dazu konstatieren: Die gegenwärtige Welt gewinnt immer
> mehr den einschließenden Charakter des Lagers. (…) Das Lager der
> Gegenwart, so können wir sagen, hat keinen spezifischen Ort mehr,
> es ist nicht mehr Auschwitz, nicht mehr Theresienstadt, nicht mehr
> Bergen-Belsen oder Dachau. Das Lager hat damit eines seiner wich-
> tigsten Charakteristika eingebüßt: Es ist kein Ort mehr, nicht einmal
> ein Nicht-Ort, das Lager ist global, es ist zuletzt überall. Aus der Hoff-
> nung eines ›global village‹ ist im Zuge neoliberaler Neujustierungen
> ein ›global concentration camp‹ geworden.« (Zimmermann 2013: 75)

Wenn wir aber alle in einem KZ leben, kann es in Auschwitz so
schlimm nicht gewesen sein, ist eine mögliche Schlussfolgerung aus
diesem Zitat, bei dem man nicht weiß, ob man sich mehr über den
völligen Verlust der Verhältnismäßigkeit wundern oder über die
penetrante Selbstinszenierung ärgern soll. Was von Zimmermann

grobschlächtig vorgetragen wird, bezieht sich ganz wesentlich auf das Werk des italienischen Philosophen Giorgio Agamben. Agamben gilt als einer der meistdiskutierten Philosophen der Gegenwart, gewandt in mehreren Sprachen, aus einem schier unerschöpflichem Wissen auch entlegener Art schöpfend und dabei die ganz großen Fragen der Gegenwart kritisch untersuchend. Und er soll, nicht zu vergessen, auch noch irgendwie ein »Linker« sein.

Im Mittelpunkt steht hier Agambens Auschwitz-Interpretation, auf die man in der Diskussion mit dem akademischen Nachwuchs zunehmend stößt.

Es gibt verschiedene Arten der Ausnutzung, der »exploitation«, der NS-Verbrechen. Immer ist dabei etwas zu gewinnen, außer Geschäft und Umsatz, aber von diesen selten getrennt, sind das Aufmerksamkeit, Bekanntheit, sogar Ruhm. Agamben weiß von all diesem etwas einzuheimsen, hat aber noch größere Anliegen. Für ihn sind die NS-Verbrechen, die er unter »Auschwitz« subsumiert und schematisiert, Objekt und Steinbruch zur Formulierung politisch-philosophischer Ziele. Er möchte derjenige sein, der ein neues »Paradigma« von Auschwitz entwirft, mithin klüger sein als alle anderen, indem sein Paradigma »ein neues Licht auf die Vernichtung selbst wirft und sie in gewisser Weise noch entsetzlicher macht« (Agamben 2003: 45). Sein System aus Begriffen wie »Zeuge«, »Schuld«, »Lager« usw. leitet er nicht aus der historischen Wirklichkeit her, sondern pfropft es ihr auf. Das Ergebnis seiner bunten Lesefrüchte von Texten aus Religion, Literatur, Sprachwissenschaft und anderen Disziplinen, aus vielen Sprachen, Kulturräumen und Jahrhunderten, vorgetragen in einem »autoritären Ton des Raunens« (vgl. Graf 2013), steht von vornherein fest. In »Was von Auschwitz bleibt. Das Archiv und der Zeuge« (Agamben 2003) sind es vor allem schriftlich festgehaltene Erinnerungen und Reflexionen von NS-Opfern, die diesem Zugriff unterzogen werden. Der ihm zu machende Vorwurf ist nicht, dass er sie nicht »alle« reflektiert, sondern dass er so tut, als hätte er dies getan. Diejenigen, die ihm nicht passen, nämlich Jean Améry und Bruno Bettelheim, werden auf rüde Art und Weise zurechtgewiesen,

sie würden die Sache gar nicht verstehen, oder sie würden sie sogar
»verfälschen«, wie er über Bettelheim schrieb (Agamben 2003: 50).
Agamben bedient sich bereits im allerersten Satz des Vorwortes eines
einfachen Tricks, der allerdings auf das Grundproblem seines An-
satzes hinweist. Er möchte das »Allgemeine« von Auschwitz heraus-
arbeiten und möglichst auf die Gegenwart anwenden. Das Konkrete
von Auschwitz, also wer warum wozu was getan hat, wird kurzerhand
für »gelöst« bzw. für »ausreichend« genug untersucht erklärt: »Dank
einer Reihe immer umfassenderer und genauerer Untersuchungen,
unter denen Raul Hilbergs Buch eine besondere Stellung einnimmt,
ist das Problem der historischen (materiellen, technischen, bürokra-
tischen, juristischen ...) Umstände der Vernichtung der Juden ausreichend geklärt« (ebd.: 7). Nun ist zweifelsfrei richtig, dass es eine Fülle
von geschichtswissenschaftlichen Untersuchungen zum Judenmord
im Allgemeinen und zum Komplex Auschwitz im Besonderen gibt.
Aber aus dieser Fülle wird nur eine einzige herausgegriffen, nämlich Hilbergs »Die Vernichtung der europäischen Juden«. Eine ganze
wissenschaftliche Disziplin, nämlich die für den zu untersuchenden
Gegenstand zuvörderst zuständige, wird auf einen einzigen Text
eines einzigen Autors reduziert! Damit möchte Agamben sich von
vornherein vor eventueller Kritik aus der Geschichtswissenschaft ab-
schirmen und sich gleichzeitig über sie erheben. Das »Einfache« ist
gelöst, nun kann die »wahre« Auseinandersetzung folgen, wird hier
suggeriert. Der Bezug auf Hilbergs Hauptwerk und nicht auf andere
wichtige Veröffentlichungen hat aber noch weitere Implikationen.
Hilberg ist ein ausgesprochen distanziert schreibender Autor. Sein
Gegenstand ist vor allem die Bürokratie des Judenmordes, mithin die
Sicht der Täter. Die jüdischen Opfer erscheinen im Wesentlichen als
passiv, als reine Objekte. Die Frage nach deren Verhalten, insbesondere ihrer eventuellen Widerständigkeit hält Hilberg für irrelevant
(Hilberg 1991: 1100 ff). Hilbergs Analyse ist eine unter vielen, aber
von Agamben sicher nicht zufällig ausgewählt. Sie passt zu seiner
Grundhaltung, die die Häftlinge quasi am langen Arm als interes-
santes Demonstrationsobjekt baumeln lässt. Im bereits erwähnten

Vorwort lässt er sich sogar darüber aus, dass es doch »unendlich viel schwieriger« sei, den Geist eines »gewöhnlichen Menschen« zu begreifen als »den Geist Spinozas oder Dantes« (Agamben 2003: 8). Diese bemerkenswerte Arroganz erinnert an den berühmten Roboter aus Douglas Adams »Per Anhalter durch die Galaxis«, der da meinte, es mache ihm Kopfschmerzen, sich auf das Niveau der Menschen herunter zu denken.

Wenn man bedenkt, welchen Ruf Agamben genießt, ist es erstaunlich, wie schlecht er mit Quellen umgeht. Sein Vorgehen ist von großer Willkür geprägt. Er ordnet sie nicht ein und ignoriert, was nicht passt, oder betreibt regelrechten Pfusch. So führt er beispielsweise den Treblinka-Kommandanten Franz Stangl an, der, wenn er von »Lemmingen« sprach, keineswegs »Muselmänner«, sondern damit die direkt aus den Zügen in die Gaskammern getriebenen Häftlinge meinte (ebd.: 69).

Die Massenmorde in Auschwitz werden ihm zum Schema, ohne dass ihn beschäftigt, dass es eben nur eine von vielen Todesstätten war und der Tod in den Gaskammern nur eine der angewendeten Arten des Mordens war. Herausgehobener Zitatgeber ist für ihn Primo Levi. Von diesem übernimmt er die Vorstellung, dass die Überlebenden für jene zeugen müssten, die es selber nicht mehr könnten. Für Agamben sind dies aber gar nicht einmal die in den Gaskammern Ermordeten, sondern die sogenannten »Muselmänner«, die im Zentrum seiner Argumentation stehen. Als solche bezeichnete man in den Lagern, insbesondere in Auschwitz, solche Gefangene, die bereits soweit ausgehungert, körperlich geschwächt und psychisch abgestumpft wirkten, dass der Lebenswille erloschen zu sein schien.

Bezüglich der »Muselmänner« nennt Agamben eine ethische Grundposition, die zu begrüßen ist: »Denn keine Ethik darf sich anmaßen, einen Teil des Menschlichen auszuschließen, so unangenehm und schwer es auch sein mag, ihn anzuschauen« (ebd.: 55). Leider besteht der hauptsächliche Inhalt des Buches eben gerade darin, den solcherart betroffenen Häftlingen das Menschliche abzusprechen. Agamben schreibt: »Daß man bei den Muselmännern nicht eigentlich von ›Lebenden‹ sprechen kann, wird von allen Zeugen bestätigt« (ebd.: 47). Der wahre Sinn des Muselmanentums ist für Agamben, dass es nicht so sehr eine Grenze zwischen Leben und Tod«, sondern »vielmehr die Schwelle zwischen dem Menschen und Nicht-Menschen« markiere. Einen Weg zurück ins Leben hätte es für sie nicht mehr gegeben. In einer für seine Verhältnisse verhältnismäßig unverquasten Passage schreibt er:

> »Er, der Muselmann, ist wirklich das Gespenst, das unsere Erinnerung nicht zu begraben vermag, der Nicht-zu-Verabschiedende, mit dem wir weiterhin zu rechnen haben. Er zeigt sich einmal als der Nicht-Lebendige, als das Wesen, dessen Leben nicht wirklich Leben ist, und ein andermal als der, dessen Tod nicht Tod genannt werden kann, sondern nur ›Fabrikation von Leichen‹, als Einschreibung einer toten Zone in das Leben und einer lebendigen Zone in den Tod. In beiden Fällen wird die Menschlichkeit des Menschen selbst in Frage gestellt, weil der Mensch seine wichtigste Verbindung zu dem, was ihn als menschlich konstituiert, zerbrechen sieht: die Heiligkeit von Tod und Leben. Der Muselmann ist der Nicht-Mensch, der sich hartnäckig als Mensch zeigt, und das Humane, das nicht mehr vom Inhumanen getrennt werden kann.« (ebd.: 71)

Wer nicht spricht, ist kein richtiger Mensch, setzt Agamben seinen Philosophenberuf als das Maß dafür fest, was den Menschen ausmacht (ebd.: 137).

In schroffem Gegensatz zu diesen dezisionistischen Festlegungen am grünen Tisch stehen die Ergebnisse der detaillierten Muselmänner-Studie von Zdzisław Ryn und Stanisław Kłodziński, die Agamben schwerpunktmäßig zitiert, aber geradezu missbräuchlich verwendet. Für den ehemaligen Auschwitz-Häftling Kłodziński wie auch für Ryn bleiben, bleiben die Häftlinge, auch die Muselmänner, immer Individuen und Akteure:

> »Alles, was der Mensch in einer solchen Situation erlebt, ist also als Reaktion auf die Bedrohung seines Lebens zu werten und zu untersuchen.« (Ryn/Kłodziński: 92)

»Allgemein kann man sagen, daß zwischen den Muselmännern genau die gleichen Unterschiede auftraten wie zwischen Menschen, die unter normalen Bedingungen lebten, Unterschiede körperlicher und psychischer Art. Die Lagerbedingungen verschärften diese Unterschiede, und wir wurden oftmals Zeugen einer Umwertung der Rolle der physischen und psychischen Faktoren.« (Adolf Gawalewicz, nach Ryn/Kłodziński: 122)

Was Agamben noch im Nachhinein zum »Nicht-Leben« erklärt, war in Wirklichkeit eine Handlungsstrategie des betreffenden Häftlings:

»Selbst wenn es so schien, als sei der Häftling in seinem Muselmanentum völlig von der Umgebung abgeschnitten und nur auf sein einziges Bedürfnis – die Befriedigung des Hungers – konzentriert, nahm er doch sich selbst und die anderen wahr. Er verarbeitete diese Informationen auf eine andere, manchmal ganz unerwartete, manchmal gegen sich selbst gerichtete Weise, zum Schaden des eigenen Lebens, aber das war eben Folge seines psychischen Zustands.« (Ryn/Kłodziński: 121)

Auf seine Art und Weise kämpfte der Muselmann um sein Leben:

»Der ›aktive Muselmann‹ kämpft auf eine ihm noch mögliche Weise darum, am Leben zu bleiben. Er verkauft sein Brot oder seine Suppe nicht für eine Zigarette, er sucht sich gute Kommandos aus, er täuscht geschickt Arbeit vor, führt solche Tätigkeiten oder Arbeiten aus, die ihm eine Extraportion Brot oder Suppe, eine Arbeit unter Dach und Fach, ein warmes, illegales Kleidungsstück usw. einbringen können. Manch einer nutzt einen Tumult und stellt sich ein zweites Mal nach Suppe an, schreibt für einen Teller Suppe ein Scherzgedicht, trägt einen papiernen Zementsack als Pullover usw.« (Adolf Gawalewicz, nach Ryn/Kłodziński: 110)

»Sehr viele Frauen im Lager wurden zu Muselmännern, Apathie und wachsende Gleichgültigkeit härteten sie ab gegen die feindlichen Bedingungen, so daß sie in ihrem Dahinvegetieren manchmal länger überlebten als ihre Kolleginnen, die noch voller seelischer Kraft waren und sich ihre eigene Menschlichkeit hartnäckig und unangetastet bewahrt hatten.« (Zofia Kossak, nach Ryn/Kłodziński: 97)

Die Reaktionen der Häftlinge auf die derart körperlich und psychisch veränderten Mitgefangenen waren ganz verschieden, mehrheitlich von Erschrecken, Abscheu und Ärger geprägt. Das von Agamben postulierte »Prinzip«, dass keiner den Muselmann »sieht« (Agamben 2003: 50), gab es aber nicht. Ob man ihnen half oder nicht, hing vor allem von der sozialen Beziehung ab, die zu ihnen bestand.

»Die Einstellung der Kameraden war unterschiedlich. Wenn der Muselmann jemand ›Fremdes‹ war, geschah es fast nie, daß jemand ihm half. Wenn er aber Kameraden hatte, die mit ihm befreundet waren, versuchten sie ihm zu helfen (und das sogar soweit, dass sie eigene Lebensmittel opferten, einen Kranken versteckten, der sie anstecken konnte, ihn auf dem Wege zum oder beim Appell stützten, obwohl sie selbst kaum zur Arbeit kamen und sich nur mit Mühe beim Appell gerade hielten).« (Maria Elżbieta Jezierska, nach Ryn/Kłodziński: 127)

»Wenn er sich um seinen Kameraden kümmerte, verteidigte er auch sich selbst.« (Włodzimierz Twardowski, nach Ryn/Kłodziński: 115)

Die von Ryn und Kłodziński zitierten ehemaligen Häftlinge sprechen von »vollständigen«, »teilweisen« usw. Muselmännern bzw. davon, dass sie selbst Muselmann gewesen seien, was zeigt, dass es in Wirklichkeit ein Kontinuum von physischen und psychischen Erscheinungen gegeben hat, die unter dem Begriff »Muselmanentum« subsumiert werden.

Diese im Agambenschen Sinne »Nicht-Menschen« konnten sehr wohl wieder zu »Menschen« werden und zwar gerade dadurch, dass andere Häftlinge ihnen halfen, was diese Agamben zufolge grundsätzlich nicht taten. So wenig wie er die Häftlinge als Individuen gelten lässt, so wenig beschäftigt ihn deren Jüdisch-Sein. Wo er es doch tut, geschieht es abwertend, z. B. mit dem bizarren Satz, sich auf den Muselmann-Begriff beziehend: »Jedenfalls wissen die Juden in Auschwitz, und dies wirkt wie eine grausame Selbstironie, daß sie nicht als Juden sterben werden« (Agamben 2003: 39). Dass es sich bei Salmen Lewental, dem Autor seines allerersten Zitates, um ein wichtiges Mitglied des Widerstands handelte, dem es gelang eine der Gaskammern zu sprengen, ist ihm nicht der Rede wert (vgl. die detaillierte Kritik in: Bothe 2012).

Agambens Insistieren darauf, lebende, fühlende, leidende und ganz überwiegend jüdische Menschen unbedingt als »Nicht-Menschen« vorzuführen, und zwar in einer Auseinandersetzung über die ethisch-politischen Probleme von Auschwitz, ist schwer erträglich. Bezeichnenderweise hält er sich – im Band »Homo sacer – beim Thema »NS-Euthanasie« auffallend bedeckt. Wieder einmal fehlt es ihm erkennbar an historischem Wissen. So behauptet er, dass es »keinerlei Hinweise« darauf gebe, dass das Programm »an wirtschaftliche Erwägungen« geknüpft gewesen sei (Agamben 2002: 150). Er billigt der Euthanasie dann aber sogar zu, dass es sich um ein »theoretisch humanitäres Programm« gehandelt habe (ebd.: 149).

Agamben benötigt die Gestalt der »absoluten Ohnmacht«, um die »absolute Macht« vorzustellen (Haug 2010: 519). Sein Auschwitz-Buch ist deshalb auch nur eine Art Einschub einer Buch-Reihe unter dem Titel »Homo sacer«. Einer ihrer wichtigsten ideologischen Ahnherrn ist Carl Schmitt, den er in seinem Auschwitz-Buch zitiert, ohne ihn zu nennen (Agamben 2003: 42). Das ist genau das autoritäre Eingeweihten-Geraune, das für Schmitt-Anhänger so typisch ist. Agamben verhält sich weitgehend unkritisch gegenüber Schmitts Herangehensweisen und Begriffen, als wäre beim wichtigsten Autor der deutschen antidemokratischen Rechten der Weimarer Republik nicht das eine oder andere Problem zu erwarten. Vor allem aber übernimmt er Schmitts Gestus des Wissenden, des herrisch Proklamierenden, der Unterwerfung der Realität unter polarisierende Schemata. Mit dieser Haltung sucht er »das Lager« als an bestimmten Orten zur Norm gewordenen Ausnahmezustand zu definieren. Dafür greift er auf alle möglichen Erscheinungen in verschiedenen Ländern zurück, die einmal »Lager« hießen (Agamben 2002: 175-189). Realität ist aber, dass es »das« Lager eben so wenig gibt wie »den« Ausnahmezustand. Die Spanne der in »Lagern« vorenthaltenen Rechte und der in ihnen herrschenden Bedingungen ist so groß, dass es gar keinen

Sinn ergibt, sie über einen Kamm zu scheren. Agamben verwischt
sogar die Bedeutung der nazistischen Machtübernahme 1933. »Lager« und »Ausnahmezustand« habe es auch vorher gegeben: »Man
tut gut daran, nicht zu vergessen, daß die ersten Konzentrationslager
nicht das Werk des Naziregimes waren, sondern der sozialdemokra-
tischen Regierungen (...)« (ebd.: 176). Dass Internierungslager der
Weimarer Republik eine ganz andere Qualität hatten als NS-Kon-
zentrationslager, wird einfach übergangen. Überhaupt ist auffällig,
auf wie schlichte Art und Weise Agamben mit störenden Problemen
umgeht. Gerade die Aussagen größter praktischer Bedeutung werden entweder schlicht behauptet – wie dass in den heutigen Demo-
kratien, die er gerne »sogenannt« nennt, Ausnahmezustände immer
mehr zunähmen – oder unzulässigerweise durch Universalquantoren
(»alle«, »keiner«, »jeder« usw.) abgestützt.

Die eigentliche Stoßrichtung von Agambens groß aufgezogenen
Argumentationen und Agitationen sind die bürgerlich-demokra-
tischen Gesellschaften der Gegenwart, insbesondere die USA. Die
Unterschiede zum Terrorsystem des NS erscheinen ihm geringer als
die Übereinstimmungen. So habe der Ausnahmezustand »heute erst
seine weltweit größte Ausdehnung erreicht«, heißt es im 2004 veröf-
fentlichten Band »Ausnahmezustand«, sich unschwer erkennbar auf
die USA beziehend (Agamben 2004: 102 f). Hier ist Agamben die
historische Verhältnismäßigkeit vollends abhanden gekommen.

Deutsches

Geschichtsrevisionismus heute:
Unsere Mütter, unsere Väter

Dem Wehrmachts-Dreiteiler »Unsere Mütter, unsere Väter« konnte man Anfang 2013 kaum entgehen. Das 14 Millionen Euro teure Werk der Firma »teamWorx« von Nico Hoffmann wurde durch eine intensive Medienkampagne, die noch die letzte Fernsehzeitung erreichte, erfolgreich beworben. Das Publikum wurde auf ein besonders Fernsehereignis eingestimmt. Es sei ein »großer Wurf gelungen«, und noch nie habe »ein deutscher TV-Film ein so unsentimentales Bild vom unfassbaren Grauen gemalt, das die Deutschen über ihr Land und die Welt gebracht haben, selten waren Dialoge so präzise, schaute eine Kamera so kompromisslos zu«, schrieb beispielsweise »TV Today«. Der ZDF-Erstausstrahlung im März folgten dann auch sieben Millionen Zuschauer. Das sind bei einer Spielzeit von 4,5 Stunden insgesamt 31,5 Millionen Sehstunden. Das dürften mehr sein als alle Schulstunden zum Thema in diesem Jahr zusammengenommen. Anschließend wurden viele Kommentare geschrieben und Historiker und Pädagogen um ihre Einschätzung gebeten, die weit überwiegend sehr positiv ausfielen (vgl. Assmann 2013: 33 ff). Es folgten der Export in zahlreiche Länder, erneute Ausstrahlungen und das DVD-Geschäft. Alles in allem ein riesiger Erfolg und ein glänzendes Geschäft. Die einzige kleine Missstimmung ergab sich daraus, dass der Film im Nachbarland Polen ausgesprochen schlecht aufgenommen wurde, was aber zu keiner nachhaltigen Diskussion hier zu Lande führte.

Der Anspruch der Filmmacher ist hoch und wird bereits im Titel deutlich. Hier soll die Geschichte der Eltern der Deutschen im Allgemeinen – eben »unserer« Mütter und Väter – erzählt werden, nicht die von Führungspersonen des NS-Regimes. Ein Freundeskreises von fünf fiktiven jungen Personen wird konstruiert: zwei Soldaten, eine Krankenschwester, eine Sängerin und ein Mann, der eigentlich nur als »Jude« vorkommt. Sie sind durch Liebeleien miteinander verschränkt, feiern im Juni 1941 gemeinsam Abschied, ziehen danach gen Osten und treffen sich am Ende des Krieges – um einen Soldaten und eine Sängerin reduziert – wieder.

Vorbild, Anknüpfungspunkt und damit auch Bewertungsmaßstab des Dreiteilers ist die zehnteilige US-amerikanische Serie »Band of Brothers« von 2001. Bereits der Name der Hauptfigur »Wilhelm Winter« ist eine Hommage an »Dick Winters« aus »Band of Brothers«, der allerdings im Gegensatz zum deutschen Wilhelm eine reale Person ist.

Band of Brothers legte den Grundstein eines überaus interessanten und wichtigen Genres, der »Feldzug-Serie«. Der Titel »Band of Brothers« entstammt William Shakespeares »Heinrich V.« Shakespeare legte dem englischen König eine Erkenntnis in den Mund, die auch die Militärpsychologie seit Jahrzehnten kennt. Demnach ist das Fundament soldatischer Motivation nicht Nation, Führer, Gott oder eine andere Ideologie, sondern die Bewährung in den Augen der Gruppe Mitkämpfender. Dieser »Bruderbund« bildet sich durch gemeinsames Leiden und Töten. Durch ihn trennen sich die Soldaten von der Zivilisation ab.

Das moderne Genre zeigt nun den Weg eines solchen Bruderbundes – im Falle von Band of Brothers den Weg einer Kompanie Fallschirmjäger vom Ausbildungslager über die Normandie bis nach Deutschland – über einen ganzen Feldzug hinweg und bearbeitet folgende Facetten und Fragen: den Verlauf des Feldzuges und die Beteiligung einer Einheit an diesem; die Beziehungen der Soldaten zu feindlichen und freundlichen Zivilisten sowie zu ihren Familien und Frauen; das Verhältnis von anführendem Offizier zu seinen Soldaten und als Kernfrage die Veränderungen im Verhalten und Fühlen der Soldaten.

Diese Veränderungen bestehen im körperlichen, geistigen, seelischen und moralischen Zerfall von Soldaten im Laufe längerer Kampfhandlungen. Paul Fussell, der böseste aller Kritiker des US-Militärs im Zweiten Weltkrieg, geht in seiner Abrechnung mit der Army davon aus, dass der »wirkliche Krieg« sowieso nie in die Bücher komme (Fussell 1989). Immerhin, könnte man einwenden, gibt es die Autobiografie von Eugene Sledge (Sledge 2007), auf der maßgeblich »The Pacific«, das verstörende bisherige Glanzstück des Genres, basiert. »The Pacific« zeigt, wie die US-Soldaten ihren – korrekt als unfassbar grausam auftretenden – japanischen Gegnern immer ähnlicher werden, bis sie am Schluss zu der festen Überzeugung gekommen sind, dass der Krieg erst vorbei sein wird, wenn auch der letzte Japaner tot ist.

Auch »Band of Brothers« basiert auf wahren Ereignissen und hat darüber hinaus dokumentarischen Charakter, da die Spielhandlungen durch Interviewausschnitte mit den realen Personen eingeleitet und kontrastiert werden.

Verglichen mit diesen US-amerikanischen Produktionen wird das ganze Elend von »Unsere Mütter, unsere Väter« deutlich. Dramaturgisch, schauspielerisch und inhaltlich fällt die deutsche Produktion insgesamt geradezu lachhaft ab.

Einzelne Aspekte sind akzeptabel. Gelungen ist der »Look«. Von einigen Ausstattungsfehlern abgesehen, sind Feldlager-, Lazarett-, Gefängnis- und Front-Atmosphäre für deutsche Fernsehverhältnisse gut wiedergegeben. Auch gibt es überzeugende Szenen. So zum Beispiel die, in der sich eine Berliner Kodderschnauze in ihrer arisierten neuen Wohnung darüber beschwert, dass »die Drecksjuden nicht mal saubergemacht haben«. Beeindruckend sind die Kampfszenen mit ihrer Kameraarbeit im Dokumentarstil. Selten wurde die Wehrmacht als so selbstsicher, geschickt und aggressiv in Szene gesetzt. Es wird etwas davon deutlich, warum die Wehrmacht bis kurz vor Moskau hat vorrücken können.

Vollkommen misslungen ist hingegen die Plot-Struktur. Den Autoren gelingt kein schlüssiges Drehbuch, so dass die Handlung durch dramaturgische Notmaßnahmen vorangetrieben werden muss, die sich im dritten Teil bis ins Fantastische versteigen, obwohl doch alles furchtbar ernst gemeint sein soll. Man sollte meinen, dass auch dem letzten Zuschauer klar sein muss, dass sich die Protagonisten nicht andauernd zufällig an der Ostfront über den Weg laufen können. Die Figuren bleiben schematisch. Die ihnen zugeschriebenen Handlungen – jeweils »gute« und »böse« – sollen wohl die Widersprüchlichkeit der Personen zum Ausdruck bringen. Nur ergeben sie sich nicht schlüssig aus einer Charakterentwicklung, sondern bleiben aufgesetzt. Schauspielerisch ist damit natürlich kein Staat zu machen.

Das eigentliche Problem stellen allerdings die geschichtspolitischen Aussagen und Behauptungen dar. Von den fünf Protagonisten – die stellvertretend für die junge Generation des damaligen Deutschlands stehen sollen – ist kein einziger ein Nazi. Sie agieren im Film, als wären sie dem Jahr 2013 entsprungen und auf mysteriöse Weise in der Vergangenheit gelandet. Damit ist bereits das Wichtigste geschafft. Nazis gab es zwar, aber es waren die anderen. Alle Deutschen im Sinne des Films, sowohl Wehrmachtssoldaten als auch Juden, werden ohne eigenen Antrieb oder eigenes Interesse zu bösen Dingen gezwungen oder werden in sie verwickelt. Damit fällt »Unsere Mütter, unsere Väter« in die Zeit der 1950er und frühen 1960er Jahre zurück und negiert alle kritischen Anstrengungen insbesondere der tatsächlichen Generation der Kinder der NS-Generation.

Die Wehrmacht, längst als Organisation des Schreckens und des Massenmordes enttarnt, wird von ihrer Verantwortung für den Judenmord weitgehend freigesprochen. Einem vorgesetzten Offizier wird in den Mund gelegt, dass dieser Feldzug gegen die Sowjetunion »ein anderer Krieg« sei. Doch was für einen zeigt der Film? Man sieht die Ausführung des Kommissar-Befehls, eine »Minenprobe« und die summarische Hinrichtung von Partisanen-Helfern. Das sind alles Maßnahmen einer Kriegführung, die der Zuschauer für übertrieben oder falsch finden kann, aber eben auch als Teil eines harten Krieges interpretieren und somit auch irgendwie verständlich. Am stärksten prägt sich der Soldat Friedhelm, Bruder des Kompanieführers Wilhelm Winter, ein. Es ist nicht nur das Erschießen von Bauern und Kindern, was betroffen macht, sondern die Beiläufigkeit und die rasche Art des Anlegens und Schießens. Die dargestellte Effizienz ist aber nun keineswegs nur abschreckend, sondern wie alle siegreichen Gewaltdarstellungen auch attraktiv. Im Wesentlichen sind die Deutschen aber nett zu den russischen Zivilisten. Kein Bild vom durch die Wehrmacht erzeugten Hunger, den Brandschatzungen oder den Vergewaltigungen. Letztere auszuüben bleibt den siegreichen Sowjetsoldaten vorbehalten. Und insbesondere gibt es kein Bild der Gewalt von Wehrmachtsangehörigen gegen Juden. Fein säuberlich wird diese Verantwortung abgeschoben auf die SS – in Form eines einzeln herumstolzierenden Hauptsturmführers – und an Ukrainer und Polen. Männer, die Juden treten und schlagen, die Juden ertränken wollen »wie Katzen« tragen bei Nico Hofmann gelb-blaue oder rot-weiße Armbinden, nicht Wehrmachtsuniformen. Nur den polnischen Partisanen wird ein affektgeladener Antisemitismus zugeschrieben. Das Verhältnis der Protagonisten zu ihren Familien und Frauen nimmt in »Unsere Mütter, unsere Väter« einen viel zu großen Raum ein. Das Überwältigende von Krieg und Terror wird dadurch verharmlost und trivialisiert.

Ohne jeden historischen Sachverstand wird mit der Figur des deutschen Juden herumhantiert. Undenkbar, dass er 1941, als würde nichts besonderes vorliegen, an einer Party von Wehrmachtsangehörigen hätte teilnehmen können. Nichts scheint ihm etwas auszumachen, auch nicht Verschleppung und Flucht aus dem KZ. Die komplette Kriegs- und KZ-Zeit über bleibt er gut genährt, ordentlich frisiert und lebenslustig. Übertroffen wird dieser Unsinn nur noch durch die Figur einer jüdischen Ärztin, die obwohl verraten durch die deutsche Krankenschwester, am Schluss als sowjetische Offizierin auftaucht, um ihre Denunziantin zu retten. Herzerweichend, wie wenig nachtragend Nazi-Opfer doch sind!

Am Schluss tun Wilhelm und Friedhelm, was in Wirklichkeit eben nicht geschehen ist: Beide töten ihre sadistischen Vorgesetzten und befreien auf diese Weise sich und das Publikum vom Nazismus. Am Ende ist es also wieder gut, was »unsere« Väter und Mütter getan haben. Und der Zuschauer wird zugleich als das Kind von Wehrmachtssoldaten und jüdischen Opfern entlassen.

Selbst der Abspann hält noch eine letzte Unverschämtheit bereit, indem die fiktiven Charaktere als reale vorgetäuscht werden.

Es ist beklemmend, dass »Unsere Mütter, unsere Väter« nicht auf die entschiedene Kritik gestoßen ist, die dieses Zentralwerk des Geschichtsrevisionismus verdient hat.

Deutsche Militärzeitschriften[*]

Wer im Bahnhofsbuchhandel nach Militärzeitschriften sucht, muss dahin gehen, wo fast ausschließlich Männer vor den Regalen stehen – in die Abteilung Auto/Motor. Dort findet man je nach Größe des Geschäfts ca. 30 Magazine, die sich mit Militärischem beschäftigen. Thematische Überschneidungen gibt es darüber hinaus mit den Zeitschriften für Geschichte, Handfeuerwaffen, Messer, Überlebenstechniken, Eisenbahnen, Flugzeuge, Drohnen, Computerspiele und Fantasy, die hier nur bedingt betrachtet werden sollen. Generell gilt, dass die Prinzipien des Zeitschriftenmarktes auch im Militär-Segment gelten. Außer relativ wenigen, breitgefächert angelegten Produkten ist das Gros Einzelaspekten gewidmet. Dabei gilt als Faustformel, dass man von einem erfolgreichen Spezial-Segment immer ein noch spezielleres abspalten kann. So gibt es aus dem Verlagshaus GeraMond eben nicht nur »Militär & Geschichte«, sondern auch »Flugzeug-Classic« und »Flugzeug Classic Special« und »Flugzeug Classic Jahrbuch«. Alle besprochenen Zeitschriften sind mit 5 bis 10 Euro relativ hochpreisig und von guter bis sehr guter Papier- und Druckqualität.

---

[*] Der folgende Abschnitt entstand unter Beteiligung von Žiga Podgornik-Jakil.

Die Anzahl der Titel hat in den vergangenen Jahren zugenommen. Nicht alle Auflagenhöhen sind bekannt, aber die bedeutenderen bewegen sich bei etwa 40.000 Stück. Auch die Positionierung in den Regalen hat sich dem Augenschein nach verbessert. Insgesamt handelt es sich also um ein Marktsegment mit steigender wirtschaftlicher Bedeutung. Allgemeine Militärzeitschriften gibt es vier: die »Deutsche Militär-Zeitschrift (DMZ)«, »Militär & Geschichte«, »Clausewitz« und »Husar«. Bei »Husar«, herausgegeben und im Wesentlichen auch verfasst von einem Velimir Vuksic, handelt es sich eigentlich um eine kroatische Zeitschrift, die mehr schlecht als recht übersetzt wird und auch nicht im Abo erhältlich ist. »Clausewitz« und »Militär & Geschichte« stammen aus demselben Verlag (GeraMond), die DMZ gehört zum Verlagsgeflecht des Schleswig-Holsteiners Dietmar Munier. Die meisten Magazine beschäftigen sich jedoch mit militärisch-technischen Aspekten, vornehmlich Flugzeugen und Schiffen, aber auch Fahrzeugen. Aktuelle und historische Modelle werden meistens in ein- und denselben Ausgaben vorgestellt und diskutiert. Außer den realen Schiffen und Flugzeugen sind auch die Modelle derselben interessant, weshalb es dafür besondere Hefte gibt. Zeitschriften für Orden, Abzeichen und Uniformen gibt es ebenfalls, ein regelrechtes Reenactment-Magazin aber bislang nicht. Wer also Freude daran hat, sich möglichst originalgetreu zu verkleiden, um dann Krieg zu spielen, muss auf französische oder englische Magazine ausweichen. Lange wird es aber wohl nicht mehr dauern, da der Verlag Heinz Nickel aus Zweibrücken bereits aus einem französischen Reenactment-Magazin (»Militaria«) nachdruckt. Ein regelrechtes Killer-Blatt ist »K-ISOM«, das »International Special Operations Magazine«, mit dem der Leser sich in die Rolle eines Kommando-Soldaten hineinträumen kann. Eine weitere interessante Kategorie bilden die Rüstungszeitschriften »Marineforum« und »Europäische Sicherheit & Technik«, die sich weitgehend mit Neuerungen und Entwicklungen der Kriegstechnik beschäftigen. Bei diesen beiden ist die Finanzierung ziemlich offensichtlich. Großformatige Anzeigen für Produkte, die der Käufer eher selten braucht – z. B. Torpedos – oder

Anzeigen mit vagem Inhalt (»MTU – perfekt auf sie abgestimmt. Konstante Höchstleistungen auch unter extremen Bedingungen...«) deuten darauf hin, dass das Verkaufsgeschäft nicht ausschlaggebend ist. Zum Vergleich heranzuziehen sind auf jeden Fall »Y – Das Magazin der Bundeswehr«, das mit fast 50.000 eine der höchsten Auflagen erreicht, im Zeitschriftenhandel jedoch nicht zu finden war, und »loyal«, das Blatt des Reservistenverbandes. Insgesamt zeigt sich ein breitgefächertes Spektrum an Eigentümern, Herausgebern und Institutionen. Es reicht von einem eindeutig rechtsextremen Verlagshaus (Munier) über die »Marine-Offizier-Vereinigung MOV« (1918 gegründet als konterrevolutionäre Gemeinschaft), das Verteidigungsministerium bis hin zu kleinen und großen deutschen und in kleinerem Umfang ausländischen Verlagshäusern, denen keine übergeordneten politischen Ambitionen nachzuweisen sind. Es stellt sich die Frage, ob und inwieweit diese Machtstrukturen Einfluss auf den Inhalt und insbesondere auf das Verhältnis zur deutschen Militärgeschichte haben. Bevor diese Frage angegangen wird, muss auf ein Dokument eingegangen werden, das von herausragender Bedeutung ist und auf paradoxe Weise den Erfolg insbesondere der besonders problematischen Zeitschriften ermöglicht. Es ist der Traditionserlass der Bundeswehr.

Die Bundeswehr ist ebenso wenig wie jede andere Armee eine demokratische Einrichtung. Auch was ihre Angehörigen über ihr Geschichtsverständnis zu denken haben, ist von oben festgelegt. Besagter Erlass, politisch hoch umstritten, hat über die Jahrzehnte hinweg bedeutende Modifikationen erfahren. In der Fassung von 1965 hieß es noch lobend, dass die »deutsche Wehrgeschichte« in »Frieden und Krieg zahllose soldatische Leistungen und menschliche Bewährungen« hervorgebracht habe, die es verdienen »überliefert zu werden«. Die 1982 von Hans Apel erlassene Fassung weiß noch zu berichten, dass die Streitkräfte vom Nationalsozialismus »teils schuldhaft verstrickt, teils (...) schuldlos mißbraucht« wurden. Die Abgrenzung von der Wehrmacht fiel insgesamt aber deutlich aus. Heute heißt es knapp, dass die Wehrmacht keine »Tradition der Bundeswehr«

begründen könne. In bestimmten Einheiten, namentlich bei den Gebirgsjägern, den Fallschirmjägern und dem KSK sieht man diese Fragen etwas anders, aber für das Gros gilt, dass man für sich in Anspruch nimmt, mit der Bundeswehr einen neuen Start vollzogen zu haben. Die zunehmende formale Distanzierung und Wortkargheit fiel dadurch leichter, dass die bekanntlich aus der Wehrmacht stammende Gründergeneration um 1980 aus dem aktiven Dienst ausgeschieden war und dass das Gewicht der bundeswehreigenen Geschichte immer größer wird. Im militärgeschichtlichen Museum der Bundeswehr in Dresden ist dieser Übergang beispielhaft zu besichtigen. Gezeigt wird das ehemalige Traditionsschränkchen des Zerstörers »Rommel« mit Devotionalien des namengebenden Generalfeldmarschalls und des Afrika-Korps der Wehrmacht. Heute werden die Schiffe der Bundesmarine nach Bundesländern oder Städten benannt und nicht mehr nach Wehrmachtsgenerälen. Wer nur »Y« liest, erfährt höchstens aus Versehen etwas über deren Vorgänger-Armeen. Das ist im europäischen Vergleich eine Ausnahme. Im direkten publizistischen Verantwortungsbereich der Bundeswehr ist ein geschichtliches Vakuum verordnet und wird, von den benannten Ausnahmen abgesehen, auch durchgesetzt.

In diese Lücke stoßen mit Macht die Militärzeitschriften und natürlich auch die zahllosen Bücher aus teilweise denselben Verlagen. Es ist die Wehrmacht, der ein starkes, überwiegendes oder fast ausschließliches Interesse in allen Publikationen gilt. Man sollte meinen, dass zu den Themen »Messerschmitt 109«, »Panzer Tiger« oder »Ardennen-Offensive« mittlerweile alles gesagt, gedruckt und dokumentiert wäre – doch weit gefehlt. Es sind gerade die ohnehin bereits häufig bearbeiteten Themen, die teilweise zeitgleich auf die Titelbilder kommen. Die Begeisterung, mit der z. B. einzelne erhaltene und liebevoll restaurierte deutsche Jagdmaschinen fotografiert und beschrieben werden, hat etwas Besessenes. Dass es sich dabei nicht um Rennwagen, Sportyachten oder Diesel-Loks handelt, für die es ganz ähnliche Zeitschriften gibt, sondern um Kriegsgerät, spielt keine Rolle. Die feministische Naturwissenschafts- und Technik-Kritik

liefert an dieser Stelle die nötigen Hinweise. Der grundlegende psychologische Mechanismus, der hier am Werk ist, ist die Abspaltung.
Vorgeschichte, Ursachen, Nebenbedingungen, Herstellungsbedingungen und Auswirkungen vom technischen Prozess gedanklich abzuspalten, ist ein seit Jahrhunderten in den westlichen Gesellschaften eingeübtes Verfahren. Das wiederum noch dahinter stehende
Grundverständnis besteht darin, dass man sich nicht selbst als Teil
des Prozesses, sondern nur als Beobachter oder Manipulator sieht.
Auf diese Art und Weise kann problemlos und ungerührt das Hohelied der Me 109 gesungen werden. Es muss nicht einmal über die
Verbrechen der Wehrmacht gelogen werden. Es reicht, sich einfach
nicht für sie zuständig zu fühlen. Der Einfluss der militärtechnischen
Magazine auf ihre Leser, die man als weitgehend männlich annehmen kann, ist der der Bestätigung dessen, was sie ohnehin denken,
tun und zu billigen bereit sind. Unter diesen Lesern bilden Bundeswehr-Soldaten ein wichtiges, z. T. direkt angesprochenes Leser-
Segment. Der Abschied von der Wehrpflicht verstärkt diese Tendenz
noch. Zwar ist die Anzahl der Bundeswehr-Angehörigen deutlich
gesunken, die der – wenn man so will – »echten« Soldaten aber gestiegen. Der 2010 gegründete »Bund Deutscher Veteranen« besteht
eben nicht aus 90-jährigen Stalingrad-Überlebenden, sondern aus
30-jährigen Afghanistan-Kämpfern. In Werbung und Selbstverständnis der Bundeswehr spielen die politischen Elemente (»Verteidigung
der Demokratie«) zwar eine wichtige Rolle, wirken aber doch blass
im Vergleich zu den Profi-Themen. Die Darstellung des Umganges
mit Technik und Kampfmitteln ähnelt den Darstellungen insbesondere der militärtechnischen Zeitschriften.

Die am deutlichsten extrem rechte und historisch-revisionistische
Publikation ist die »Deutsche Militärzeitschrift« (DMZ) mit ihrer
Ausgründung »Zeitgeschichte«. Herausgegeben wird sie vom neofaschistischen Publizisten Dietmar Munier, der außerdem noch das
Nachrichtenmagazin »Zuerst!« und die Zeitschrift »Der Schlesier« im
Programm hat. Die DMZ ist paradoxerweise die einzige Zeitschrift,
nach deren Lektüre man eine Ahnung davon bekommt, dass mit der

deutschen Kriegführung im Zweiten Weltkrieg möglicherweise moralische Probleme verbunden gewesen sein könnten. Anders als die anderen bemüht sich die DMZ nämlich direkt um die Rechtfertigung der Taten von Wehrmacht und Waffen-SS. Die Verdrehung von Tatsachen setzt aber voraus, dass man sie zumindest andeuten muss. Die DMZ verbirgt ihre Glorifizierung der Waffen-SS und der Wehrmacht nicht. Die Zeitschrift ist gefüllt mit Farbfotos von Nazi-Generälen und -Soldaten inklusive der Nazi-Insignien. Sie liefert Erlebnisgeschichten, schreibt über Militärtechnik und macht Werbung für revisionistische Bücher und Kalender. Darüber hinaus – und das ist entscheidend für den Erfolg – bringt sie aber auch Berichte und Reportagen zum gegenwärtigen Militärgeschehen im In- und Ausland. Auf einen Bericht über die Vor- und Nachteile eines neuen Bundeswehr-Fahrzeugs folgt umstandslos das Porträt von Wehrmachts-General Soundso. Bereits auf den Titelblättern wird diese Vermischung konsequent vorgeführt. Die Autoren der DMZ haben überwiegend einen revisionistischen und Nazi-apologetischen Hintergrund. Die Sprache des Magazins, am deutlichsten in der Leserbrief-Abteilung, in der z. B. vom »linken Virus« die Rede ist, zeigt die tiefe Einbettung in das rechtsextreme Spektrum. Nach Aussagen der Herausgeber bestehen die Zielgruppen in der Erlebnisgeneration des Zweiten Weltkrieges, Soldaten und Reservisten der Bundeswehr und anderen historisch interessierten Lesern. Man stelle sich die gegenwärtigen Bundeswehr-Soldaten vor, denen keine historische Einbettung geboten wird, und das insbesondere in Zeiten weltweiter ökonomischer und politischer Krisen. Mit Magazinen wie DMZ können sie rasch einen positiven Bezug zur gloriosen Vergangenheit der »Gründungsväter« der gegenwärtigen deutschen Armee finden. Den Prinzipien des Zeitschriftenmarktes folgend nahm auch Munier eine offenkundig erfolgreiche Ausgründung der DMZ vor, nämlich das Magazin »Zeitgeschichte«. Hinter diesem unverfänglichen Namen verbirgt sich ein zweimonatlich erscheinendes Magazin, das sich ausschließlich mit der Waffen-SS beschäftigt bzw. deren Glorifizierung als »Elite-Formation«. Produktionstechnisch dürfte es sich um eine besonders einfache Aufgabe handeln. Die Propagandakompanien des Dritten Reiches und die Traditionsverbände der SS-Divisionen haben einen schier endlosen Bestand an Büchern, Memoiren, Bildbänden, Heften und Zeitschriften hinterlassen, aus dem das Team von »Zeitgeschichte« aussuchen kann. Nur wenige Bestandteile, wie eher nichtssagende Interviews mit überlebenden Waffen-SS-Angehörigen, erfordern echte journalistische Arbeit.

Sind DMZ und Zeitgeschichte explizit extrem rechts einzuordnen, so ist die überwiegende Mehrheit dieser Magazine subtiler, wenn es darum geht, die aktive Rolle der Wehrmacht an den Verbrechen gegen die Menschlichkeit zu entschulden. Zu ihnen gehört »Clausewitz – Das Magazin für Militärgeschichte«. »Clausewitz«, benannt nach dem preußischen Militärtheoretiker Carl von Clausewitz, nimmt für sich in Anspruch, populärwissenschaftlich, aber auf der Höhe wissenschaftlich gesicherter Erkenntnisse zu berichten. Tatsächlich wird das Ursache-Wirkungs-Verhältnis regelmäßig ignoriert, relativiert oder auf den Kopf gestellt. In Ausgabe 6/2014 sieht das in einem Artikel über die U-Boot-Gedenkstätte Laboe beispielsweise so aus, dass die Gedenktafeln beschrieben werden, die sich den Menschen widmen, die »auf See ihr Leben verloren haben«. Explizit genannt wird aber nur die 1945 von einem sowjetischen U-Boot torpedierte Wilhelm Gustloff. Dass die deutschen U-Boote in zwei Weltkriegen als Angriffswaffe eingesetzt wurden und zehntausende alliierte Seeleute und Passagiere zu Tode brachten, findet dagegen keine Erwähnung. Stattdessen wird ein Foto von einer Art Ehrenschrein für die deutschen Marinen gezeigt, auf dem man tatsächlich die »Flaggen deutscher Seestreitkräfte« sehen kann, mit der der Bundesmarine in der Mitte, Hitlers Marinekriegsflagge links davon. Deutlicher noch als Clausewitz ist »Militär & Geschichte« mit der Entschuldung der Wehrmacht beschäftigt. Dominiert wird das Blatt vom Chefredakteur Dr. Guntram Schulze-Wegener, Fregattenkapitän d.R., häufiger Autor in der Jungen Freiheit und u.a. vormaliger Chefredakteur der Zeitschrift »Der Landser«. Äußerst tendenziös ist beispielsweise seine Gesprächsführung in einem Interview in der

Ausgabe Oktober/November 2014 zum Thema »Polen-Feldzug«, in der er der polnischen Seite Mitschuld zuzuschieben bemüht ist. Im dazugehörigen Hauptartikel wird dann davon fabuliert, wie das deutsche Offizierskorps »bereits in der Anfangsphase des Krieges (…) einigen Widerstand gegen das NS-Regime« artikuliert habe.

Weitgehend unbeachtet hat sich im Handel ein breites Segment an militäraffinen Zeitschriften etabliert. Auch die vorrangig kommerziell orientierten Blätter sind ohne Ausnahme direkt oder indirekt damit beschäftigt, die deutsche Militärgeschichte, insbesondere die Wehrmacht, von ihrer historischen Verantwortung frei zu sprechen. Die zumindest formale Distanzierung der Bundeswehr vom NS-Regime und seiner Armee wird damit massiv und erfolgreich unterlaufen. Gleichzeitig bietet der Markt dem explizit rechtsextremen Verleger Munier Gelegenheit, das Zeitschriftenpaar DMZ/Zeitgeschichte über den Kreis der üblichen Leserschaft hinaus zu verbreiten.

Militärmuseen – Hübsche Kriege ohne Ziel

Die Präsentationstechniken von Museen verschiedenster Ausrichtung haben sich in den letzten Jahren beträchtlich entwickelt. Statt mit erschöpfender Gleichförmigkeit Vitrine an Vitrine zu reihen will man Zusammenhänge aufzeigen. So inszeniert man z. B. im Stuttgarter »Staatlichen Museum für Naturkunde« den Lagerplatz einer steinzeitlichen Gruppe mit allen dazugehörigen Utensilien, Nahrungsmittelattrappen usw. Das ist lehrreich und anschaulich, allerdings auch riskant, insofern der interpretatorische Anteil immer größer wird. Wer weiß schon, ob damals z. B. Männer oder Frauen die Suppe gekocht oder den Hirsch ausgeweidet haben.

Diesem Modernisierungstrend können sich Museumsmacher kaum entziehen. Sie konkurrieren nicht nur untereinander um Aufmerksamkeit, Anerkennung, Besucherzahlen und Fördergelder, sondern auch mit zahlreichen anderen Freizeitangeboten, deren Attraktivitätsniveau ebenfalls weiter ausgebaut wird. Im Falle der Mi-

litärmuseen, genauer der von Armeen eingerichteten Museen, kam
über politische und kulturelle Grenzen hinweg früher im Wesentlichen das Gleiche heraus: Eigene Waffen, Ausrüstungen und Heer-
führer wurden vorteilhaft ins Licht gerückt, vollbrachte Glanztaten
herausgestellt und Legitimation für neue Taten beansprucht.

Ein Beispiel für den »old style« ist das Warschauer Militärmu-
seum. Weiter als auf den Hof kam ich nie. Der geräumige Platz mit
der Ausstrahlung eines Gebrauchtwagenparkplatzes ist vollgestellt
mit lauter Militärgerät des 20. Jahrhunderts. Was dem Besucher auffällt, ist der durchschnittliche Größenunterschied zwischen moder-
nem Kriegsgerät und dem aus dem Zweiten Weltkrieg. Eine MIG 29
ist ein erstaunlich großes Flugzeug, ein Jäger von 1940 hingegen
klein. Noch ernüchternder fällt der Blick auf die Panzer aus. Das zer-
schossene Wrack eines deutschen Jagdpanzers »Hetzer« mit seinen
dünnen aufgebogenen Metallplatten relativiert die Vorstellung von
»Panzerung« beträchtlich. Damit haben sich Soldaten in einer feindlichen Umgebung bewegt?

So unvorteilhaft in Szene gesetzt, war das Ganze nichts anderes
als Plunder; altes Zeug, das schon zu seiner Zeit keinen Sinn ergab.
Die Aussicht auf freudlose Gänge voller ähnlichem Totmacharsenal
genügte mir, den vorzeitigen Rückzug anzutreten.

In Deutschland gibt es eine Reihe von Museen, die diesen Dar-
stellungsproblemen ausgesetzt sind: u. a. das Luftwaffenmuseum in
Berlin-Gatow, das Panzer-Museum in Munster, das U-Boot-Museum
in Laboe und als Wichtigstes das Militärhistorische Museum der
Bundeswehr in Dresden. Es wurde bereits im 19. Jahrhundert als
sächsisches Armeemuseum angelegt und wirkt denn auch architek-
tonisch wie ein Weihetempel des Wehrwillens. Von allen ansässigen
Armeen verwendet, kam es 1990 an die Bundeswehr. Bis zur Neu-
eröffnung ließ man sich bis 2011 Zeit, ein Zeichen für die Brisanz,
die die Betreiberin dem Projekt offenbar zubilligte. Die Kuratoren
wollen nicht einfach nur altes Militärzeug zeigen, sondern erheben
den Anspruch, eine »kritische, differenzierte und ehrliche Auseinandersetzung mit Militär, Krieg und Gewalt in Vergangenheit und

Gegenwart« zu führen. Mit Daniel Libeskind wurde ein über jeden Militarismusverdacht erhabener Stararchitekt engagiert, der die autoritäre Wirkung der historischen Kasernen- und Museumsanlage mittels eines keilartigen Neubaus gekonnt aufgehoben hat. Libeskind gilt als derjenige, der dem Massenmord an den europäischen Jüdinnen und Juden 2001 durch die Formensprache des »Jüdischen Museum« in Berlin mit seinen kippenden Wänden und leeren Räumen Ausdruck verliehen hat. Aus derselben Zeit stammt sein Umbauentwurf für das Militärhistorische Museum. Das ernüchtert. Dieselben Bauelemente ergeben nach wie vor interessant geschnittene Räume, die keine Langeweile aufkommen lassen. Aber sie sind doch nur ein Markenzeichen – um nicht Masche zu sagen – eines in grauen Beton verliebten Architekten. Anwenden lassen sich die Stilelemente offensichtlich auf beliebige Themen. Ergebnis dieses Bauens ist auch eine mittelschwere räumliche Verwirrtheit der Besucher.

In diese unklaren Räume ist eine Dauerausstellung installiert worden, die die deutsche Militärgeschichte in drei Blöcken von 1300 bis 1914, 1914 bis 1945 und 1945 bis heute einteilt. Erster und Zweiter Weltkrieg werden zusammen als »zweiter Dreißigjähriger Krieg« thematisiert. Bundeswehr und NVA in den Zeiten der Ost-West-Konfrontation stellt man gleichgewichtig und mit kritischem Abstand dar. Man gruselt sich beispielsweise vor einem »Atomexplosionssimulator« der Bundeswehr – einem teekistengroßen Feuerwerkskörper mit Blendwirkung und schönem Rauchpilz –, mit der die westdeutsche Armee in den 60er Jahren allen Ernstes glaubte, ihre eigenen Soldaten an den Atomkrieg gewöhnen zu können. Die Geschichte der Bundeswehr wird bis in die Gegenwart nachgezeichnet. Zusätzlich gibt es thematische Einheiten, z. B. zu »Krieg und Leiden« und »Politik und Gewalt«. Sowohl die militanten Traditionen der Arbeiterbewegung, die NVA als auch der Pazifismus der 80er Jahre werden weitgehend fair dargestellt. Selbst die große Rolle von NS-belasteten Militärs beim Aufbau der Bundeswehr wird selbstkritisch reflektiert. Dazu bedient man sich modernster Präsentationstechniken und vielfältiger und teils drastischer und spektakulärer Exponate.

Zahlreiche weitere ästhetische Reize werden durch Kunstwerke aus Malerei, Film und Installation verabreicht, die sich mehr oder weniger kritisch mit Krieg beschäftigen. Insbesondere werden aber zahlreiche Exponate selbst ästhetisiert. Eindringlich wirkt das schwebend arrangierte, nämlich an fast unsichtbaren Fäden aufgehängte, Kriegsgerät. Ob bewusst oder nicht, imitieren die Kuratoren dabei Elemente künstlerischer Installationen. Das Motiv der »explodierenden Handgranate« findet man beispielsweise im Museum für zeitgenössische Kunst in Barcelona als »explodierende Wand« wieder. Und wenn man sich dann erschöpft im stilvollen Restaurant zu einem hervorragendem Essen niederlässt, wähnt man sich endgültig, als hätte man den Gang durch eine Kunsthalle mit Gemäldegalerien hinter sich.

Es bestehen noch zwei weitere erhebliche Probleme, nämlich die Gewichtung der Einzelthemen und die Zusammenhanglosigkeit der Ausstellung. Zwar muss man zugestehen, dass in einem Museum mit so weitgefasster Thematik nicht alles dargestellt werden kann. Aber dass die Waffen-SS kaum umfangreicher als der paramilitärische Rotfrontkämpferbund der KPD auftaucht, irritiert doch. So sachlich und ausgewogen viele Einzelbetrachtungen sind, so erklärungslos ist die Ausstellung im Ganzen. Aus dem lobenswerten Ansatz, den Besucher nicht bevormunden zu wollen, wird unter der Hand die Negierung entscheidender historischer Sachverhalte. So erschließen sich weder die deutsche Kriegszielpolitik des Ersten Weltkrieges noch die des Nazismus und die sich daraus ergebenden Massenmorde. Es fehlt die Darstellung des »Generalplans Ost« und der Rassenkriegsführung in Osteuropa. Die Frage, »warum die das eigentlich gemacht haben«, wird nicht gestellt und nicht beantwortet. Stattdessen flüchten sich die Ausstellungsmacher in anthropologische Betrachtungen, nach denen Kampf und Konflikt nun einmal zu jeder Gesellschaft gehörten.

Ästhetisch stimuliert steigt man die Treppenstufen wieder hinab. Worüber man nichts erfahren hat, ist das grundsätzlich Schäbige des Kriegerischen. Das versteht man doch besser auf dem Warschauer Panzerschrottplatz.

Französisches

Leerstellen – Kriegsgefangene in Deutschland

Frankreich war die eigenartigste Siegernation des Zweiten Weltkrieges und hatte 1945 eine Menge zu verdrängen: die totale Niederlage gegen Deutschland und die breite ideologische, organisatorische, wirtschaftliche und sogar militärische Kollaboration mit dem Sieger, gipfelnd in einer halbfaschistischen eigenen Regierung. So folgte auf eine kurze Phase der Verfolgung von Kollaborateuren die weitgehende Festlegung auf ein »nationales Narrativ«, die Fixierung auf das andere, das »freie« Frankreich, für das verdächtig Viele sich schon immer eingesetzt haben wollten. Erst ab den 1960ern begann eine differenziertere Auseinandersetzung mit der eigenen Geschichte. Das Schicksal einer Gesellschaftsgruppe aber blieb bis in die Gegenwart schwach beleuchtet. Es sind die 1,6 Millionen französischer Kriegsgefangene, die nach der Niederlage im Juni 1940 nach Deutschland verschleppt wurden und dort auch überwiegend bis 1945 blieben. Diese Männer symbolisierten das Desaster, das 1945 durch die Teilhabe an Sieg und Besetzung Deutschlands nur mühsam überlagert werden konnte. Sie waren irgendwie peinlich vor allem im Vergleich mit den siegreichen Soldaten von 14/18. Andererseits hatten sie es »nicht so schlimm« gehabt wie die Deportierten und KZ-Häftlinge, die ebenfalls nach dem 8. Mai zurückströmten.

Der französische Historiker Jacques Benoist-Méchin schilderte 1958 in »Der Himmel stürzt ein« den rapiden Verfall der politischen und militärischen Elite im Mai und Juni 1940, die verzweifelten Pläne, das zunehmende Misstrauen untereinander, aus dem heraus sich nur zwei klare Positionen entwickelten. Auf der einen Seite General de Gaulle mit dem Willen, den Krieg von wo und unter welch schlechten Bedingungen auch immer fortzusetzen, und auf der anderen Marschall Pétain, der dafür stand, sich mit dem Sieger im nationalen Interesse einigen zu wollen. Benoist-Méchin steht für letzteres. Bereits vor dem Krieg imponierte ihm das faschistische Deutschland, insbesondere sein Militär. In völliger Fehleinschätzung der tatsächlichen deutschen Pläne zur Auflösung Frankreichs engagierte er sich für die deutsch-französische Zusammenarbeit – »la collaboration« – und wurde zum Leiter der französischen diplomatischen Delegation für die »Kriegsgefangenenfrage«. Darin musste er scheitern, denn die deutsche Seite dachte gar nicht daran, die Beute Arbeitskraft wieder herauszurücken.

Die Unklarheit der Führung wurde den französischen Soldaten durch das Nebeneinander von Durchhalteparolen und defätistischen Ordern deutlich. Die schlechte Vorbereitung der eigenen Seite – auch noch acht Monate nach der Kriegserklärung –, die Wehrlosigkeit gegenüber der Luftwaffe und den deutschen Panzerdivisionen und die pausenlosen Gewaltmärsche zerrütteten die Soldaten in selten dagewesener Geschwindigkeit.

Auf diese Art und Weise erfolgte bereits die Gefangennahme dieser ungeheuren Anzahl von Männern unter ungünstigsten psychologischen Umständen. Man trieb sie in riesigen Herden wie Vieh durch Deutschland in die Oflags (Offizierslager) und Stalags (Stammlager für Mannschaften). Die ohnehin große Kluft zwischen Offizieren und Soldaten wurde von den Deutschen so noch weiter zementiert. Es entstand ein paralleles Lagersystem zu den KZs, das aber nur wenig bekannt ist.

Leutnant Georges Hyvernaud wurde im Oflag IID im damaligen Pommern interniert. Auf seinen Erlebnissen basiert sein Kurzroman »Haut und Knochen«, der bereits 1949 veröffentlicht wurde. Es wundert nicht, dass er rasch aus dem öffentlichen Bewusstsein verschwand und erst 1997 (auf Deutsch erst 2010) wieder aufgelegt wurde. Er schildert das Lager-Offiziersmilieu aus vormaligen Unterinspektoren, Gymnasiallehrern und Versicherungsdirektoren als halt- und ziellos. Das eigentliche Elend sind die hospitalistischen Mitgefangenen. Wer hier an Jean-Paul Sartre denkt, liegt nicht falsch, denn in »Les Temps Modernes«, der Zeitschrift des existentialistischen Philosophen, erschien bereits 1948 ein Kapitel des Buches.

Der Ich-Erzähler reflektiert in dem auch heute noch radikal modern wirkenden Roman seine Rückkehr nach Frankreich. In der Familie, auf den Ämtern, auf der Straße erlebt er sich als Fremder, der äußerlich dort weitermacht, wo er vor dem Krieg aufgehört hatte. Was er erlebt hat, interessiert niemanden wirklich. Beamte, Ärzte, Tanten und Onkel reden über ihn hinweg, schreiben ihm eine Geschichte und eine Rolle zu. Er soll zu »unseren Gefangenen« gehören und kommt in eine Reihe mit »unseren Kathedralen« und »unseren Soldaten«, ob er will oder nicht.

Erwartet werden Anekdoten, nicht aber dass er fünf Jahre nichts anderes als ein »Sack aus Gedärm« gewesen ist, der um die Latrine herumlungerte. Gleich 20 Seiten des Romans beschäftigen sich mit den Klosetts als einem Hauptproblem der Gefangenen.

»Haut und Knochen« ist aber kein Zeitzeugenbericht, sondern ein Roman, der die Gesellschaftssicht Hyvernauds widerspiegelt, worauf seine Übersetzerin Julia Schoch hinwies (Schoch 2013). Es ist eine ätzende Kritik nicht nur an der Bildung eines einseitigen Geschichtsbildes, am romantisierenden Konservatismus, sondern generell an »falschen Posen« und »selbstverpaßten Etiketten«, wie Schoch schrieb.

Der Arbeitszwang für gewöhnliche Soldaten und die Größe der Lager unterschieden Oflags von Stalags. 40 km vom Oflag IID befand sich das zehntausende Gefangene umfassende Stalag IIB, Schauplatz des Graphic Novels »Ich, René Tardi, Kriegsgefangener im Stalag IIB« von Jacques Tardi. Mit Tardi hat sich ein sehr bekannter Künstler des Themas angenommen. Man kennt ihn als Tabubrecher, Anti-Nationalen und Defätisten aus seinen Werken über den Ersten Weltkrieg. Es sind Horrorwerke, ausgerichtet auf die Zerstörung von »gloire« und »honneur«.

Ton und Strich dieser Werke werden aufgenommen, aber bezeichnend modifiziert. Hier geht es um den Vater und seine Sicht auf die Erlebnisse, die er in den 1980ern niedergeschrieben hatte. Tardi zeichnet sich selbst als Jungen mit kurzen Hosen in die Geschehnisse ein, fungiert als allwissender Erzähler und imaginiert Dialoge mit dem Vater. Aber das Ergebnis der guten Idee befriedigt nicht. Er kann sich nicht lösen von der Selbstdarstellung des Vaters, der kein Verlierer sein wollte. Er war immerhin Unteroffizier gewesen, der sich 1935 bewusst zur Armee gemeldet hatte, um etwas gegen Deutschlands Aufstieg zu tun. Die eigenen Erfolge als Panzerkommandant sind ihm wichtig, er will nicht teilhaben an der Depression, sondern auch im Lager fünf Jahre lang ein wütend Aufsässiger gewesen sein. Inkonsistenzen und Unwahrscheinlichkeiten in der Erzählung werden übergangen. Trotz dieser strukturellen Schwäche liefert Tardis Buch ein extrem hartes, rohes und vulgäres Panorama des Lebens im Stalag, das an Hyvernaud gemahnt.

Auch »Rogers Heimkehr« von Florent Silloray ist ein Graphic Novel eines Nachgeborenen. Doch es ist ein Enkel, der Abstand ist größer, die gewählte Methode eine gänzlich andere, sehr viel zurückhaltendere. Silloray zeichnet eine Parallelhandlung von Gestern und Heute. Der Großvater Roger hatte dem Enkel Florent nur sehr wenig über die Kriegsgefangenschaft erzählt. Mit Elan stürzt sich Florent deshalb nach Roberts Tod auf dessen Tagebuch, in dem dieser von 1940 bis 1941 über seine Zeit als Soldat und in der Kriegsgefangenschaft akribisch Notizen angefertigt hatte. Florent Silloray macht sich mit Hilfe dieser zeitgenössischen Aufzeichnungen auf den Weg nach Belgien und Sachsen. Es ist kein sympathisches Bild, das er von der heutigen sächsischen Provinz zeichnet. Die Leute reden nicht gerne, die Spurensuche ist mühsam, vieles bleibt ungeklärt, Informationen über die Zeit von 1941 bis 1945 und die Heimkehr fehlen gänzlich.

Wo Tardi imaginiert und kräftig ausmalt, hält sich Silloray an Fakten. Geradezu archäologisch bearbeitet er Details. Er sucht und zeichnet Orte, Straßen, Häuser, Brücken, Gleise mit derselben Akribie, wie sein Großvater sie mit Worten beschrieben hatte. Roger Silloray stand am unteren Ende der französischen Soldatenhierarchie, denn er gehörte zur Masse der Wehrpflichtigen. Der Gemüsebauer war nicht gerne Soldat geworden. Er hasste die Langeweile des Soldatseins, die im Mai 1940 urplötzlich in wildes Marschieren, Flucht und Gefangennahme umschlug. Hatte er vielleicht sogar »Glück« gehabt, dass die Deutschen ihn anschließend in einem sächsischen Tagebau einsetzten?

Florent Sillorays Buch lässt all das offen und wirkt dadurch fragmentarisch und auf den ersten Blick hölzern, aber der Verzicht auf die krassen Bilder ist mutig.

»Une aventure tragique«? – Franzosen in der Wehrmacht

Wer heute am Hermannplatz in Berlin-Neukölln vor dem Kaufhaus steht, wird nur in den seltensten Fällen wissen welch grausambizarres Schauspiel sich dort im April 1945 abspielte. In den letzten Tagen des NS-Regimes kämpften dort Franzosen gegen Sowjets. Die wenige hundert Mann starke Gruppe der Franzosen trug die Uniform der Waffen-SS, genauer die der 33. Waffengrenadierdivision »Charlemagne« (Französische Nr. 1). Sie waren der letzte Rest der militärischen Kollaboration französischer Freiwilliger, die 1941 begonnen hatte und die im April 1945 in den U-Bahn-Schächten der Reichshauptstadt mit Tod oder Gefangenschaft enden sollte.

Von diesem Fixpunkt aus lässt sich die doppelte Geschichte dieser speziellen Tätergruppe schreiben. Sie ist der Endpunkt der kaum bekannten Realgeschichte und der Ausgangspunkt des zweiten Lebens als ideologische Ikone.

Begonnen hatte alles mit der militärischen Niederlage der französischen Republik im Juni 1940, der Besetzung großer Teile des Landes inklusive Paris durch die Deutschen und der Bildung eines autoritären »État Français« unter Marschall Pétain mit Sitz in Vichy. Alle militärischen und paramilitärischen deutschen Verbände – Luftwaffe, Kriegsmarine, Heer, NSKK, Organisation Todt und Waffen-SS – nahmen früher oder später französische Freiwillige auf. Zusätzlich wurden mit der Phalange Africaine und der Milice Française eigene Verbände gegründet, die an deutscher Seite kämpften. Ihr Einsatzzeitraum dauerte von Winter 1941 bis Mai 1945. Ihre Einsatzgebiete waren Frankreich, Nordafrika, Italien, der Balkan, vor allem aber die Sowjetunion und das Reichsgebiet. Die Größenordnung reichte von ca. 1.500 Personen (1941) bis 7.500 Personen (1945).

Zum Verständnis der militärischen Kollaboration von Franzosen ist es notwendig, sich die Wechselwirkungen von drei Gruppen zu vergegenwärtigen:

- Erstens die deutsche Besatzungsmacht und ihre verschiedenen Dienststellen (Deutsche Botschaft, Militärkommandantur, SS), die in ihrer generellen Zielsetzung einig, in der Durchführung jedoch gelegentlich uneinig waren;
- zweitens die französische Regierung unter Pétain in Vichy mit ihren verschiedenen Regierungschef und Fraktionen;
- und drittens die kleinen faschistischen Parteien mit Sitz in Paris, die bis Anfang 1944 nicht an der französischen Regierung beteiligt waren und die untereinander konkurrierten.

Im Falle der französischen Regierung spricht die Geschichtswissenschaft modellhaft gewöhnlich von »staatlicher Kollaboration (Vichy)«, im Falle der faschistischen Parteien von »Kollaborationismus (Paris)«. Das soll heißen, dass sich die Regierung eher gezwungen und aus pragmatischen Gründen auf Geschäfte mit der deutschen Regierung eingelassen hätte, wohingegen die faschistischen Parteien aus freien Stücken aufgrund weltanschaulicher Übereinstimmungen die Zusammenarbeit mit den Deutschen suchte. Tatsächlich aber lässt sich das Verhalten beider Gruppen sowohl von pragmatischen und augenblicksorientierten Überlegungen als auch von weltanschaulichen Positionen her erklären.

Als am 22. Juni 1941 die Nachricht vom deutschen Überfall auf die Sowjetunion in Paris eintraf, handelten die Führer dreier faschistischen Parteien – des Parti Populaire Français (PPF) unter Jacques

Doriot, des Rassemblement National Populaire (RNP) unter Marcel Déat und des Mouvement Social Révolutionnaire (MSR) unter Eugène Deloncle – sofort. Alle Parteiführer erklärten reflexartig, an einem »antibolschewistischen Kreuzzug« durch Gründung eine »Légion des Volontaires Français contre le Bolchevisme (LVF)« teilnehmen zu wollen. Animiert durch extremen Antikommunismus und auch Antisemitismus handelten sie ferner aus folgenden pragmatischen Gründen:

- Der eigene Anhang musste befriedigt werden, da er seit der französischen Niederlage im Juni 1940 keine Erfolgserlebnisse gehabt hatte.
- Es galt sich gegenüber der Partei-Konkurrenz und gegenüber den Deutschen als entschiedenste Gruppe zu profilieren. Ein Zurückbleiben hinter der Konkurrenz musste unbedingt vermieden werden.
- Man wollte Machtmittel in die Hand bekommen.
- Die Autorität der französischen Regierung sollte untergraben werden, indem man sie zwang, die »Parteiarmee« entweder zu legitimieren oder sie gewähren zu lassen.
- Ferner gedachte man, die Zukunftschancen Frankreichs bei der »Neuordnung Europas« nach dem deutschen Endsieg zu verbessern.

Dagegen suchte die französische Regierung die Bildung der LVF zu behindern, indem sie z. B. Rekrutierungsbüros in der unbesetzten Zone verbot. Sie sah sich jedoch genötigt, durch Erklärungen des Marschalls Pétain die LVF de facto, jedoch nicht formal zu legitimieren. Auf dem Höhepunkt des deutschen Vormarsches im Sommer 1942 versuchte die Regierung Laval den bis dato Privatverein LVF zu verstaatlichen und zu einer regulären französischen »Légion Tricolore« umzuwandeln. Anlass war, dass sich mittlerweile in der LVF mit dem PPF eine der Parteien durchzusetzen schien, was deren Führer Doriot aus Sicht der Regierung zu einer ernsthaften Gefahr werden ließ. Dieser Versuch wurde allerdings aufgegeben, da weder die LVF noch die Wehrmacht die Befehlsgewalt des französischen

Staates akzeptierten. Daraufhin gründete die Regierung Laval Anfang 1943 einen eigenen politisch-paramilitärischen Verband, die
Milice Française. Die Milice erhielt konkrete polizeilich-militärische
Aufgaben im Kampf gegen die Résistance und wurde innerhalb kurzer Zeit zum wohl bedeutendsten französischen Verband an deutscher Seite.

Das Grundziel der deutschen Besatzungsmacht gegenüber Frankreich war die Auflösung der französischen Staatlichkeit

• durch Zerstörung der territorialen Einheit (Quasi-Annektion
  Elsass-Lothringens, Bildung eines abgeriegelten Militärbezirks im
  Nordwesten, die Förderung separatistischer Gruppen im Nord-
  westen und in der Bretagne mit dem Ziel einer Parzellierung),

• durch die Schwächung der Autorität der französischen Regierung
  und

• durch das Gegeneinander-Ausspielen aller französischen Akteure.

Starke »nationale« französische Parteien waren insofern letztlich
Gegner, da sie sich für eine Stärkung der französischen Nation einsetzten. Trotzdem wurden sie, die zahlenmäßig schwach blieben,
von Anfang an gefördert, da ihre Kollaboration die Regierung unter
Druck setzte und gegenüber dem Widerstand demoralisierend wirkte. Ihre internen Differenzen wurden eher gefördert als geglättet und
blieben bis zum Schluss erhalten. Außerdem hielt man sie bis Anfang 1944 von der Regierung fern. Gegenüber Vichy bildeten sie
ein ständiges Druckmittel in der Hand der Deutschen. Sie wurden
von deutscher Seite auch bewusst kompromittiert, indem man sie
unpopuläre Maßnahmen durchführen ließ. So wirkten alle französischen Kollaborationsgruppen mit der Gestapo zusammen, führten
Razzien gegen Juden durch, bewachten Lager und nahmen insbesondere an der »Partisanenbekämpfung« teil. Im Prinzip waren sie
nicht viel mehr als Hitlers nützliche Idioten. Im Ergebnis flohen die
Kollaborateure mit den Besatzern im August 1944 aus Frankreich
und bildeten auf deutsches Geheiß de facto eine Art »Exil-Armee«,
eben die Division »Charlemagne«.

Die deutsche Propaganda vom gemeinsamen antibolschewistischen Kreuzzug stand somit im Gegensatz zu den tatsächlichen deutschen Kriegszielen. Die öffentliche Sprache der Propaganda sagte das Gegenteil von der internen Sprache der Dokumente.

Die Propaganda zeigte dennoch Wirkung. Wehrmacht und andere Dienststellen waren aber gar nicht darauf vorbereitet, dass sich wirklich Freiwillige meldeten. Erst am 30. Juni 1941 wurden organisatorische Maßnahmen getroffen. Gleichzeitig sollten die Freiwilligeneinheiten möglichst klein gehalten und ihre symbolische Bedeutung verringert werden. Die LVF wurde von deutscher Seite nicht mit diesem Namen bezeichnet, sondern als ein weitgehend anonymes deutschen Regiment Nr. 638 in deutscher Wehrmachtsuniform aufgestellt. Berichte über die LVF und ähnliche Verbände wurden außerhalb der jeweiligen Heimatländer verboten.

Mit schwindendem Kriegsglück stieg das reale Interesse der Deutschen an den Freiwilligen, ebenso die Bereitschaft, ideologische Zugeständnisse zu machen. So wurden Franzosen ab Ende 1942 nach und nach zur Waffen-SS zugelassen. Der erste eigene SS-Verband hieß noch in deutsche Sprache »SS-Sturmbrigade Frankreich«, der letzte in Französisch »Charlemagne«. Die Rekrutierungszahlen stiegen zum Schluss an.

Die militärische Kollaboration wurde in Frankreich während der ersten zwei Nachkriegsjahrzehnte weitgehend totgeschwiegen. Es musste erst in Kanada eine Dissertation erscheinen, um zumindest für die Entstehungsphase der LVF Licht ins Dunkel zu bringen (Owen 1971). Bis heute aber gibt es kaum Informationen über die Jahre 1942 bis 1944, als die LVF zur sogenannten Partisanenbekämpfung im sowjetischen Hinterland eingesetzt wurde.

In scharfem Kontrast zu dieser langjährigen Verdrängung steht eine große Anzahl apologetischer Memoiren und romanhafter Darstellungen vormaliger Kollaborateure und ihrer Anhänger. Beispielhaft sei das jüngste Produkt dieser Traditionslinie genannt, der Aufsatz »Tapfere Franzosen« von Richard Spitz in dem Magazin »Zeitgeschichte«, Ausgabe September-Oktober 2015.

Die Funktionen dieser Literatur sind

- die Heroisierung und Rechtfertigung als männliches kriegerisches Engagement,
- die Leugnung der Beteiligung an Massenverbrechen, auf die man genau aus diesem Grund aber schließen kann,
- die Nutzung eines Propagandathemas der bis in die 1970er Jahre sehr schwachen neofaschistischen Szene Frankreichs,
- die Suche nach ideologischen Fixpunkten, darunter als wichtigster die »Einheit der europäischen Rasse« und die
- Vorbildfunktion für gewaltbereite Gruppen.

Kontinuität wie kein zweiter verkörpert Marc Augier, der in Deutschland auch als »Saint Loup« veröffentlichte. Er war Chefredakteur der Zeitungen der LVF (»Combattant européen«) und der Charlemagne-Division (»Devenir«), schrieb nach 1945 als einer der ersten und mit dem wohl größten Einfluss über eben diese Verbände und fungierte bis zuletzt als eine zentrale Gestalt des französischen Neofaschismus. In Deutschland trug ein ehemaliger Ausbilder der französischen Waffen-SS zum Mythos bei: Franz Schönhuber, langjähriger Vorsitzender der Partei »Die Republikaner«. Augier und anderen ist es dank der verspäteten kritischen Auseinandersetzung in der französischen Öffentlichkeit weitgehend ungestört gelungen, ihr Bild von der LVF zu verbreiten. Als von wesentlichen Aspekten der geschichtlichen Realität abgelöste Erzählung stützt sie sowohl in Frankreich als auch in Deutschland bis heute das Bild der selbstlosen tragischen Kämpfer für das Abendland.

Polnisches

Israelische Jugendliche in Polen

Es gibt eine Art von Besuchern, die man im ehemaligen Warschauer Ghetto und allen polnischen KZ-Gedenkstätten trifft, auch den abgelegenen weit im Osten: israelische Jugendliche. Es ist interessant, dass sie sich mit Bestimmtheit identifizieren lassen. Wer zuhört, kann in den Gedenkstätten schließlich viele Sprachen hören und daraus schlussfolgern, aus welchem Land die Besucher wohl kommen. Aber ob beispielsweise Französisch Sprechende nun aus Frankreich, Belgien, der Schweiz, Kanada, afrikanischen Ländern oder sonst woher kommen, lässt sich nicht ohne weiteres sagen. Es sind eben Menschen, die Französisch sprechen und sich ansonsten bunt unterscheiden.

Israelische Jugendliche sind hingegen eindeutig erkennbar oder, um genau zu sein, diejenigen Jugendlichen, die zu einer der vom israelischen Bildungsministerium organisierten Gruppen gehören. Die Zahl dieser Gruppen hat im vergangenen Jahrzehnt beträchtlich zugenommen. Jährlich nehmen mittlerweile 24.000 Jugendliche daran teil, was 20 % eines Jahrgangs entspricht.

Die Besuche sind in hohem Maße durchorganisiert. Es handelt sich um verhältnismäßig große Gruppen, die per Bus unterwegs sind. Alle Teilnehmer sind aus einer Altersstufe und einheitlich in T-Shirts oder Pullovern in den Nationalfarben und mit Davidsstern gekleidet. Begleitet werden sie von erwachsenen Gruppenleitern und von auffällig unauffälligen Sicherheitskräften. Man sieht sie oft weinen und sich in den Armen halten. Auf deutsche Stimmen reagieren sie manchmal aggressiv.

Allem Anschein nach widmen sie sich vor Ort nur dem Schicksal jüdischer Häftlinge und Opfer, denn in Ausstellungen oder Ausstellungsbestandteilen, die sich mit anderen Opfergruppen beschäftigen, sieht man sie nicht. Charakteristisch ist, dass diese Gruppen vollständig für sich bleiben und Kontakte zu anderen systematisch unterbunden werden. Spätestens sobald die Security-Männer das Revers des Jacketts hochklappen, erlahmt auch der letzte Mut zum Gespräch.

Mitarbeiterinnen und Mitarbeiter der polnischen Gedenkstätten zeigen sich oft nicht eben begeistert, wenn die Rede auf diese Besucher kommt. In der Regel obliegt es ausschließlich den überwiegend gut ausgebildeten Mitarbeitern der Gedenkstätten, Führungen durchzuführen, auch in Deutsch oder anderen Fremdsprachen. Dafür, dass dies anderen nicht gestattet ist, sprechen insbesondere in der Gedenkstätte Auschwitz praktische Gründe, darüber hinaus aber auch inhaltlich-politische. Regelmäßige Ausnahmen macht man jedoch für israelische Gruppen.

Von besonderer Bedeutung ist der Besuch der »Jüdischen Ausstellung« in der Gedenkstätte Auschwitz, einer von vielen »Länderausstellungen«, die jeweils vom Mutterland verantwortet werden, in diesem Fall der Gedenkstätte Yad Vashem und dem Staat Israel.

Ich erinnere mich gut an deren frühere Gestaltung mit einer nicht zu bewältigenden Überfülle an Bildern und Dokumenten in drangvoller Enge, in deren letztem Raum sich Gruppen israelischer Jugendlicher zum Kerzenanzünden versammelten. Umso überraschender ist deren modernisierte Gestaltung aus dem Jahr 2014. Minimalistisch konzentriert sie sich auf sehr wenige Filmsequenzen und Bilder. Niemandem bleibt das Herz kalt in einem Raum, in dem auf der ganzen Wand eine Aufnahme aus den 1930er Jahren gezeigt wird, in der polnische jüdische Kinder die Hatikva – Hymne der zionistischen Bewegung und heutige israelische Nationalhymne – singen. Erschütternd ist ein weißer Raum, auf dessen Wände winzige Kinderzeichnungen aufgetragen sind. Die Auflösung der unerträglichen Spannung erfolgt im letzten Raum, in dem Familienfotos das Weiterexistieren des Judentums dokumentieren. Wenigstens eines davon zeigt eine jungen Menschen in der Uniform der israelischen Armee.

Worum geht es nun politisch bei diesen Reisen? In einem Bericht an die »International Holocaust Task Force«, heute »International Remembrance Alliance« mit Sitz in Berlin, einer interstaatlichen Organisation zur »Holocaust-Erziehung«, gibt das Israelische Bildungsministerium Auskunft:

> »Die Reisen nach Polen, die vom israelischen Erziehungsministerium beaufsichtigt werden, sind zu einem Übergangsritus für viele israelische Jugendliche in einem formbaren Alter geworden, die kurz davor stehen, zur Armee zu gehen. (…) Nach ihrer Rückkehr aus Polen übernehmen die Schüler oft eine führende Rolle in der Koordination von Zeremonien (…) Zusätzlich führen einige Schüler Präsentationen für jüngere Schüler durch, da sie dem Wesen nach (»in essence«) selbst zu Zeugen geworden sind, die die Erbschaft der Erinnerung an zukünftige Generationen weitergeben.« (www.holocausttaskforce. org/education/holocaust-education-reports/israel-holocaust-education-report.html, Zugriff am 17.08.2011)

Der israelische Dokumentarfilm »Defamation« gibt weitere Einblicke. Dem Regisseur Yoav Shamir gelangen tiefe Einblicke in die US-amerikanische Israel-Unterstützungsszene und auch in die Vorbereitung und Durchführung einer israelischen Gedenkstättenfahrt. In deren Mittelpunkt stehe die Festigung des nationalen Kollektivs, das sich gegen eine Welt von Feinden zu erwehren habe. Antisemitismus wird als eine Quasi-Naturkonstante vermittelt.

Eine der teilnehmenden jungen Frauen macht deutlich wie die Fahrt ihr Wertesystem verändert hat. Jetzt mache es ihr nicht mehr soviel aus, wenn den Palästinensern ein Haus kaputtgemacht wird, denn »uns ist es ja viel schlimmer ergangen.«

Bestätigt wird dies durch die Studien und Erfahrungen des polnischen Psychiaters Andrzej Chechnicki. Er hegt keinerlei Illusionen bezüglich der mangelhaften Auseinandersetzung mit dem Judenmord während der »kommunistischen Zeit«, wie man die Jahre der Volksrepublik in Polen nennt. Auch der Antisemitismus, der sich

in der unmittelbaren Nachkriegszeit bis zu Pogromen steigerte und
der auch später noch staatlich geschürt wurde, ist ihm bewusst. Er
schrieb:

> »Bis in die 80er Jahre hinein wurden die Themen um die wahre, ge-
> meinsame Geschichte der Polen und Juden meistens verschwiegen.
> Nicht selten wurden die Antagonismen für die politischen Kämpfe
> ausgenutzt. Die Schulkinder wurden nicht von der Geschichte unse-
> rer Brüder unterrichtet, die seit Jahrzehnten unser gemeinsames
> Schicksal und den Alltag geteilt haben. Die Geschichte des Zweiten
> Weltkrieges wurde oft um die Tragödie des jüdischen Volkes ver-
> kürzt (…) Wiedergewonnen wurden (1989) die Erinnerungen (…) an
> Schmerzhaftes wie Jedwabne und andere Taten, die an den Juden von
> Polen verübt worden sind.« (Chechnicki 2009: 168)

Der massive Rechtsruck der polnischen Politik in den letzten Jahren
scheint die israelischen Vorbehalte erst recht zu bestätigen. Und doch
hat die besondere Gruppenreisepraxis etwas Schablonenhaftes und
führt zu einem unerwarteten, negativen Ergebnis. Chechnicki kam
zu dem Ergebnis, dass in Folge dieser Reisen israelische Jugendliche bizarrerweise in allererster Linie nicht Deutschland oder »die
Deutschen«, sondern das Land Polen und seine Einwohner für den
nazistischen Judenmord verantwortlich machen:

> »Nach Jahren haben wir verstanden, dass in den jüdisch-polnischen
> Beziehungen die Erziehung der weiteren Generationen der jüdi-
> schen Jugend eine Tragödie ist, wenn sie meinen, Polen sei nur ein
> Ort der Vernichtung. Nach Polen reisend, weitere Konzentrations-
> lager besuchend, im Gefühl der Isolation und Bedrohung, sprechen
> 85% der jungen Menschen vom Hassgefühl Polen gegenüber.«
> (Chechnicki: 169)

Der Praktiker Chechnicki fand wenigstens im Kleinen eine Lösung,
und zwar mit dem polnisch-israelischen Projekt »To be young in Po-
land – to be young in Israel« (www.cinfo.org.pl). Die Grundidee besteht darin, die Gruppen zu mischen und sich gemeinsam mit dem
Leiden von Polen und Juden zu beschäftigen. (Polnische Juden fühl-
ten sich historisch oft weder als »Polen« noch wurden sie als solche

akzeptiert.) Als wirkungsvollste Maßnahme erwies sich: »Von besonderer Bedeutung für die israelischen Schüler war die Tatsache, dass sie bei polnischen Schülern übernachtet hatten.«

Bei anderen Leuten schlafen und am folgenden Morgen unbeschadet aufzuwachen, ist offenbar eine wirkungsvolle Maßnahme zum Abbau von Wut und Furcht.

Neue polnische Kriegsfilme

Polen hat es, anders als das ebenfalls zunächst besiegte Frankreich, nicht zur offiziellen Siegernation des Zweiten Weltkrieges gebracht. Und das, obwohl Hunderttausende vom ersten bis zum letzten Tag an allen Fronten gegen Nazi-Deutschland kämpften, und auch obwohl sie an herausragenden Schlachten wie Monte Cassino oder dem Sturm auf Berlin teilnahmen. Nach der Niederlage 1939 waren ihre Uniformen überwiegend britische und sowjetische, nicht polnische. Als umso wichtiger empfindet man daher in Polen das Ereignis, in dem polnische Streitkräfte unabhängig von allen anderen den Kampf um die Freiheit aufnahmen: »Powstanie Warschawskie«, den Warschauer Aufstand von 1944.

Zugleich ist der Aufstand Gegenstand tiefgehender historischer Bewertungskonflikte. War der Aufstand zu seinem Zeitpunkt legitim? Haben die sowjetischen Verbände, am Ostufer der Weichsel stehend, die Polen bewusst im Stich gelassen?

Die Antworten der polnischen Mehrheitsgesellschaft, des polnischen Staates und seines mächtigen »Instytut Pamięci Narodowej – IPN« (»Instituts für nationales Gedenken«) lauten jeweils »Ja«. Demzufolge war »Warschau 44« der notwendige, wenn auch verzweifelte Versuch, die polnische Selbständigkeit und Staatlichkeit inmitten des globalen Konfliktes wieder herzustellen, wenigstens aber zu demonstrieren. Ein beeindruckendes Denkmalsensemble auf dem Krasiński-Platz – Aufständische steigen aus der Kanalisation empor – kündet davon. Währenddessen treffen sich die noch lebenden ehemaligen Aufständischen, heute ehrenwerte alte Herren und vor allem Damen, immer noch in einem Gebäude direkt am Denkmal in einem altmodischen Ausstellungsraum, in dessen Zentrum ein Modell der zerstörten Warschauer Altstadt steht. Dem polnischen Staat reichte das nicht. Nach langer Vorbereitung wurde 2004 ein eminent eindrucksvolles und modernes Museum (»Muzeum Powstania Warszawskiego«) eröffnet.

Heutige Deutsche empfinden das polnische Nationalgefühl oft als kriegerisch, nationalistisch, katholisch und autoritär. Daran ist vieles wahr. Allerdings sollte man die Tiefe der historisch gewachsenen Angstgefühle gegenüber den beiden übermächtigen Nachbarländern Deutschland und Russland bedenken, die für das »polnische Syndrom« eine wichtige Grundlage bilden. Ein Dutzend Jahre Mitgliedschaft in der Europäischen Union, verbunden mit einem immensen Wirtschaftsaufschwung, einer starken Verflechtung mit der deutschen Wirtschaft und einer Migrationsbewegung nach Großbritannien haben insbesondere die polnische Jugend in rasantem Maße europäisiert und bisherige Selbstverständlichkeiten unterhöhlt. Gleichzeitig hat sich das Verhältnis gegenüber der Russischen Föderation erheblich verschlechtert, so dass diese, nicht mehr Deutschland, als Feindbild ganz oben steht.

Um das vorherrschende Geschichtsbild zu verstehen, wird empfohlen, die 2008 bis 2013 erschienene polnische Fernsehserie »Czas honoru«, zu Deutsch »Zeit der Ehre«, zu Rate zu ziehen. Der Vorwurf an »Czas honoru« besteht darin, dass hier noch einmal versucht werde, eine möglichst widerspruchsfreie nationale, d. h. nationalistische, Erzählung zu konstruieren. Ich habe versucht mir die Serie anzusehen und muss zugeben bereits nach der ersten Folge gescheitert zu sein. Die Aussicht auf sieben Staffeln voller vorhersehbarer Dialoge und Plots, schwülstiger Liebesszenen, triefender Musik und fließend Polnisch sprechender SS-Männer war einfach niederschmetternd. Der internationale Markt war offenbar auch gar nicht ins Auge gefasst worden, denn die DVD-Boxen verfügen gerade einmal über englische Untertitel.

Zugänglicher war der Spielfilm »Miasto 44« (in Deutschland als »Warschau 44« vertrieben) des 33-jährigen Regisseurs Jan Komasa. Die Nähe zum polnischen Staat ist auch hier sehr deutlich, denn der damalige Staatspräsident Komorowski und die Stadt Warschau werden bereits im Vorspann als Unterstützer genannt. Der Film möchte das alte Thema neu erzählen und vermitteln und sagt dabei einiges Überraschendes über die polnische Geschichtspolitik aus. Die Filmmacher gehen offenbar davon aus, dass die polnische Jugend sich in keinem Deut von der anderer (west-)europäischer Länder unterscheidet, mithin auch nur oberflächlich von etwaigen nationalen Aufbruchsgefühlen betroffen ist, die sich in jüngsten Wahlergebnissen niederschlagen.

Gehandelt auch als die polnische Antwort auf »Unsere Mütter, unsere Väter«, erzeugt der Film in seinen ersten Minuten das gleiche Unbehagen wie die deutschen Produktion von 2013. Auch hier dreht sich alles um einen Freundeskreis junger Menschen, die allesamt gut genährt, hervorragend gekleidet und vor allem sorglos sind, während sie durch aufgeräumte und saubere Warschauer Straßen wandern – wohlgemerkt im fünften Kriegsjahr unter deutscher Besatzung.

Optimistisch interpretiert ist es vielleicht gerade die übermäßig eindeutige Inanspruchnahme des historischen Ereignisses in Staat und Gesellschaft, die eine Alternative oder Variation notwendig machte. »Jeder denkt doch nur an sich selbst«, heißt es mit einigem Realismus zur alten Streitfrage der wartenden Sowjetarmee am anderen Weichselufer, während die Heimatarmee einen aussichtslosen Kampf gegen die Deutschen führte. Die polnische Martyriologie wird ausgerechnet einem gefangenen Deutschen in den Mund gelegt: »Keiner wird euch helfen! Ihr werdet alle umkommen!«, weiß er zu prophezeien.

Aber die Indizien sprechen doch eher dafür, dass diese Uneindeutigkeit das Ergebnis der krampfhaften Fixierung auf das avisierte Publikum ist. Auf inhaltlicher Ebene macht sich das daran fest, dass der Film ausschließlich die Perspektive junger bis sehr junger Männer und Frauen einnimmt. Sie wirken allerdings wie solche der Gegenwart, die wie durch Zauberhand in die Vergangenheit projiziert wurden. Leider sind die Hauptcharaktere durchgehend zu alt besetzt. Das könnte man verzeihen, nicht aber, dass sie so fürchterlich flach und ohne Entwicklung dargestellt werden! Wenn es nach diesem Film geht, hat die Elterngeneration der Aufständischen »versagt«. Das könnte eine interessante Fragestellung sein, empfindet man im Lichte der Gesamtkonzeption aber leider als eher anbiedernd.

Jugendliche sind nun einmal »voller Zuversicht und voller Mist«, wie der Amerikaner sagen würde. Soweit ist es richtig, dass die Hauptperson Stefan nicht gerade durchdacht in die Aufstandsvorbereitungen gerät. Die männliche Hauptfigur will dem Mädchen Kama, für das er kleine Aufträge ausführt, gerne gefallen. Es dauert nicht lange, und er findet sich auf einer Lichtung wieder und leistet der Heimatarmee den heiligen Schwur zum Gehorsam.

Der sich daraus entwickelnde Gedankenstrang ist das Beste am ganzen Film. Das rot-weiße Armband macht die Jugendlichen zu Soldaten sowohl aus Sicht der Gegner wie der eigenen Leute. Aus dem Sieg nach zwei oder drei Tagen wird aber nichts. Kämpfen wollen sie schon, aber sie können es nicht gut, weil ihre zivilen Vorstellungen und Werte, die nicht durch eine militärische Ausbildung planiert wurden, sie zu unzuverlässigen Elementen werden lassen. Stefan wird angeschossen, und Ala, seine mittlerweile neue Liebste, lässt das Armband sofort verschwinden, um sich zu seinen Gunsten über Befehle hinwegsetzen zu können. Es folgt ein Irrweg über Schutthalden und durch Kanalisationen, Lazarette und Schützenlöcher. Mal ist sie es, mal er, der an der Hand mit gezerrt werden muss, mal mit und mal ohne Armband.

Wirkliche Soldaten sind in diesem Film nur die Deutschen. Menschlich verhalten sie sich nur, sobald sie verletzt oder gefangen werden. Dann stellt sich den Aufständischen die Frage, ob sie zu schützen oder zu eliminieren sind. Lässt man sie leben und entkommen, rächt sich das. Rasch orientieren die Deutschen sich neu an den Wehrmachtsstandards und handeln so, wie es die jungen Leute erst gegen Ende können: Selbstbewusst, zielsicher und ohne Zögern töten sie ihre Gegner.

Dass »Warschau 44« ausschließlich auf ein – auf bestimmte Weise imaginiertes – jugendliches Publikum abzielt, wird noch stärker als beim Inhalt an der Form deutlich. Dazu gehört, dass die Bereitschaft zur Kriegspornografie mit der dazugehörige CGI (Computer generated images) auf der Höhe der Zeit ist. Die Wirkung von Metall auf Fleisch wird unbarmherzig vorgeführt. Ein echtes Zuckerl für den Splatter-Fan und etwas ganz Unerträgliches für den ungeübten Zuschauer hält Komasa hier bereit: Eine jubelnde Menschenmenge begleitet einen »erbeuteten« deutschen Kleinpanzer um die Straßenecke. Dieser, man ahnt es, entpuppt sich als Sprengfalle. Aus der Feuersäule beginnt es zu regnen, erst nur Tropfen von Blut, dann einen Hagel von Körperteilen. Damit es nicht so einseitig wird, gibt es auch jede Menge Sex-Szenen, die allerdings katastrophal kitschig geraten.

Man ist doch froh, wenn wieder geschossen wird.

Als Elemente der Jugendkultur lassen sich außerdem noch identifizieren: ein absurdes Zeitlupenballett mit Gewehrkugeln als Videoclip, Szenen aus der typischen Perspektive eines Ego-Shooter-Spiels, Bewegungsabläufe im Stil einer Rapper-Gang und nicht zu vergessen das märchenhafte Ende für die beiden Turteltauben.

Weniger beachtet, aber dafür wesentlich differenzierter ist der 2015 veröffentlichte Spielfilm »Unser letzter Sommer«, eine deutsch-polnische Produktion des polnischen Regisseurs Michał Rogalski. Es ist ist ein ruhiger, sogar leiser Spielfilm über den Sommer des Jahres 1943 im besetzten Polen. Einige historische Fehler unterlaufen dem Regisseur. Zum Beispiel machten alliierte Bomberverbände ganz sicher keinen Umweg über Polen, um nach Berlin zu fliegen.

Trotzdem hat Rogalski einen außerordentlich realistischen, analytischen und offenen Film über den Massenmord an den polnischen Juden gedreht, und das mit bewundernswerter künstlerischer Unabhängigkeit gegenüber dem Geschehen auf dem Filmmarkt.

Der Film erlaubt es dem Zuschauer, in eine Welt einzutauchen, die allein schon deshalb fremd ist, weil Verkehr, Architektur und Haushalt, sogar der öffentliche Raum heute so fundamental anders sind als damals. Man hat Zeit für Sandwege und windschiefe hölzer-

ne Bauernhöfe, Blumenwiesen und Holzbrücken und vor allem: die
Dampfeisenbahn! Die Dampfloks und Güterwaggons sind die gar
nicht heimlichen Stars des Films und verweisen doch gleichzeitig auf
den nazistischen Völkermord an den Juden Polens. Die Rangierloks
fahren nämlich bis zum Tor »333« der Strecke zur »Desinfektions-
rampe«, d. h. zum Vernichtungslager Treblinka.

In dieser nur schwach gebändigten Landschaft treffen sich die
Lebenswege von fünf Heranwachsenden: der Polen Romek und
Franka, der polnischen Jüdin Bunia, ihres namenlosen Bruders und
des Deutschen Guido. Während für das Bauernmädchen Franka sich
nicht viel geändert hat durch den Krieg, muss Romek als Heizer auf
der Lok des Freundes seiner Mutter arbeiten. Da gibt es auch öfter
Knuffe, aber was soll man machen, wenn es sonst keine Arbeit gibt?
Außerdem können die beiden nebenbei interessante Geschäfte machen. Entlang der Schienen finden sich immer wieder wie Strandgut
Kleider und auch ganze Koffer voller Sachen. Einen davon bringt
Romek nach Hause. Die Mutter nimmt ihn an sich wie ein Weih-
nachtspaket. Beklommen sieht man, wie sie mit geübten Griffen
nach versteckten Wertsachen sucht und dabei achtlos das Grammo-
phon mit den Jazzplatten beiseiteschiebt. Diese Musik ist es, die die
beiden polnischen Jugendlichen mit Guido verbinden wird, der als
Wehrpflichtiger zur deutschen Sicherheitspolizei eingezogen worden
ist, von der ein Zug im Dorf stationiert ist.

Das soziale Gefüge dieser Einheit ist nicht so sehr verschieden
von dem eines beliebigen Betriebes. Man meint insbesondere diesen Typus Mitmensch zu kennen: zentral aufs eigene Wohl bedacht
sein, unangenehme Aufgaben auf den Neuzugang abwälzen, bei
der Arbeit pfuschen, solange es nicht auffällt, gerne etwas abgreifen
wenn möglich, übereifrig tun, sobald Vorgesetzte gucken, dabei im
Grunde feige sein, aber zuhause das große Regiment führen wollen.
Dass die Aufgabe dieses »Betriebes« aber eine ganz andere ist als gewöhnlich, fällt zunächst kaum auf. Der Trupp, nicht gerade aus front-
tauglichen Individuen zusammengesetzt, ist in diesem Sommer ein
bisschen verlottert. Früher hätte man noch richtig etwas tun müssen.

Zur Zeit der Einsatzgruppen, ja damals »hätte den Juden das Wasser im Arsch gekocht«. Die ganz ruhige Kugel schieben zu können, findet ein Ende mit dem Eintreffen des neuen Oberleutnants. Es geht auf Patrouille in die Wälder entlang der Bahnstrecke, und der Neuzugang wird eingeführt in die richtige Haltung, dass man sich nämlich nicht »so viel Gedanken machen sollte«. Aber er ist noch nicht so denk- und gefühlsfaul wie die alten Hasen, die Aufgegriffene wie Schweine auf dem Hof vor sich hertreiben.

Das Handeln der Personen wird ganz wesentlich durch Hierarchien bestimmt, wobei die traditionellen »Alt gegen Jung«, »Mann gegen Frau«, »wohlhabend gegen arm« durch die neuen »Deutscher gegen Pole«, »bewaffnet gegen unbewaffnet« und vor allem »Arier oder Jude« überlagert und ersetzt werden. Auch die deutsche Sprache wird in dieser Lage zu einem grausamen Instrument der Herrschaft. Noch der unbedeutendste Deutsche erhält durch sie eine dramatische Überlegenheit.

Die Zugehörigkeit zu der »besseren« Gruppe entscheidet über den Zugang zu Ressourcen, die Möglichkeiten zum Tauschen, Sammeln und Rauben und letztlich über die eigene Sicherheit.

Die allerschlechtesten Karten hat deshalb Bunia, schließlich ist sie jung, weiblich, mittellos und vor allem jüdisch. Halbverhungert ist sie zusammen mit dem Bruder dem Todestransport vom Warschauer Ghetto nach Treblinka entkommen und ergreift die wenigen Chancen, die es gibt. Vor der polnischen Bevölkerung kann sie sich nicht sicher fühlen. Die Wahrscheinlichkeit, auf jemanden zu treffen, der heilfroh darüber ist, dass die Deutschen mit den Juden aufräumen, ist groß. Dass sie sich an Romek hängt, den sie im Wald trifft, ist deshalb ein rein instrumentelles Verhalten. Sie weiß nicht, dass der zuvor schon – hilflos und zurecht ängstlich – den sterbenden Bruder gefunden hatte.

Eindeutig hingegen ist Bunias Verhältnis zu den Deutschen. Die muss man töten, anders geht es gar nicht. Als Bunia, Romek und Guido aufeinandertreffen und ein Handgemenge ausbricht, bringen die beiden unfertigen Jungen es nicht fertig einander zu erschießen, was das Mädchen sicher getan hätte, wenn sie mit der Waffe hätte umgehen können. Bunias einziges Tauschgut ist ihre Sexualität, die sie Romek aufdrängt. Aber er taugt nicht als Lösung für das Überleben. Viel besser ist für sie ein durchziehender sowjetischer Partisanentrupp, der die Ordnung des deutsch besetzten Polens durchbricht und mit dem sie schließlich mitgeht. Vorsichtig, lauernd und gewalttätig streifen die Russen durch die Wälder, vor den Deutschen genauso auf der Hut wie vor polnischen Partisanen. Als junge Frau ist sie den bewaffneten sowjetischen Männern ausgeliefert, aber nicht als Jüdin. Das ist das wichtigste für sie. Der Zuschauer muss entscheiden, ob er den Akt, den er sieht, als Prostitution oder Vergewaltigung oder beides zugleich sehen will.

Der junge Deutsche träumt derweil weiter, obwohl er selbst zum Mordkommando gehört. Er verzieht sich gerne auf den Dachboden, hört heimlich Musik und versteht nicht, in welche Gefahr er das polnische Mädchen bringt, das er an sich zieht. Vom Vorgesetzten erwischt, bringt dieser das Erziehungsprogramm zu Ende. Guido muss Franka selbst erschießen.

Auch Romek wird am Schluss auf eine furchtbare Art und Weise erwachsen. Er kann in diesem Sommer 1943 noch etwas aus sich machen. Entschlossen ergreift er die Chance, Mutters Freund von der Lok zu verdrängen. Er übernimmt selbst den Posten an den Hebeln der Dampflok und befährt die Rangierstrecke – die nach Treblinka.

Britisches

Eine andere Art der Erinnerung –
die britische Sicht auf den Ersten Weltkrieg

2009 starb mit Harry Patch im gesegneten Alter von 111 Jahren der letzte britische Teilnehmer des Ersten Weltkrieges. Charles Kuentz, der letzte deutsche Soldat, war da schon vier Jahre tot. Kuentz und Patch hatten sich noch kennengelernt, wobei allerdings keiner die Sprache des anderen beherrschte. Der letzte deutsche Soldat sprach nämlich nur Französisch, denn er hatte als Elsässer für den Kaiser kämpfen müssen. Beide waren als Wehrpflichtige eingezogen worden. Feindschaft oder auch nur Animosität waren nach der Jahrtausendwende in der kleinen und rasch dahinschwinden Gruppe der ehemaligen Kriegsteilnehmer erloschen. Heute sind wir alle Freunde – »Aujourd'hui nous sommes tous les amis« – hatte Kuentz gesagt (Parker: 275). Patch hatte sich und seine ansteigende Bekanntheit in seinen letzten Jahren noch für die »Shot-at-dawn-Kampagne« eingesetzt, deren Ziel die Rehabilitierung der 306 als Deserteure hingerichteten britischen Soldaten war. Die britische Regierung sprach schließlich 2006 tatsächlich eine pauschale Amnestie aus dem Grund aus, dass »jeder, der in diese furchtbaren Fälle verwickelt wurde, so gut ein Opfer war wie jeder, der auf dem Schlachtfeld gestorben ist« (Parker: 282 f).

Der französische Staatspräsident übernahm diese Position 2009 in seiner Rede am zentralen Gedächtnisort Douaumont, als kein Soldat des Ersten Weltkrieges an den Feierlichkeiten mehr teilnehmen konnte. Nicolas Sarkozy erklärte »im Namen der Nation«, dass diejenigen, »die dem großem Druck nicht standhalten konnten, für die der Horror zu groß wurde, die, nachdem sie ihren ganzen Mut und Heroismus verbraucht hatten, im Moment des Angriffes gelähmt waren«, keineswegs entehrt seien (Sarkozy 2009). Politisch motivierte Deserteure überging er damit allerdings. Ähnliche offizielle Erklärungen gab es in Deutschland selbstverständlich nicht.

Der britische Staatsakt war nur offizieller Ausdruck eines immensen gesellschaftlichen Interesses am Ersten Weltkrieg, das sich z. B. in einer Fülle von Sachbüchern, belletristischer Literatur und zahlreichen Fernsehserien ausdrückt. Aus heutiger Sicht weiß man, dass der Erste Weltkrieg der Anfang vom Ende des britischen Empire und der ökonomischen Macht des englischen Adels war, gleichzeitig aber die entscheidende Etappe der Frauenemanzipation und des Machtzugewinns der britischen Sozialdemokratie. Das ist ein umfangreicher und bis heute interessierender Stoff. Gleichzeitig spielen die Themen der 1920er Jahre immer noch eine bedeutende Rolle.

Das schiere Ausmaß des Krieges und seine Einbindung immer weiterer Teile der Gesellschaft machten ein Beiseite-Stehen oder Aus-der-Ferne-Betrachten in den Jahren 1914-1918 und danach nahezu unmöglich. Aus britischer Sicht war der Erste Weltkrieg über weite Strecken ein entsetzliches Desaster, für das man den Feind, aber auch die eigene militärische Führung verantwortlich machte. Die britischen Verluste betrugen 850.000 Tote plus einem Vielfachen an Verwundeten, weit mehr als im Zweiten Weltkrieg. Der britischen Generalität warf man vor, sinnlose Frontalangriffe auf die deutschen Stellungen geführt zu haben, und das lange Zeit gegen einen besser ausgebildeten und bewaffneten Gegner. Die kleine britische Berufsarmee wurde ab 1915 durch große Freiwilligenkontingente und erst 1918 durch Wehrpflichtige aufgefüllt. Die Freiwilligenbataillone rekrutierten sich wiederum häufig aus einem Ort oder einer Berufsgruppe, was dazu führte, dass bei einem fehlschlagenden Angriff eine ganze Generation junger Männer aus einer Stadt getötet oder verwundet wurde. Doch nicht nur die Kumpel-Bataillone (»pals battalions«), auch die britische aristokratische Oberschicht erlitt übermäßige Verluste. Von deren Söhnen wurde erwartet, als Offiziere die Angriffe zu leiten, was verheerende Verluste insbesondere bei den niederen Offiziersrängen zur Folge hatte.

Natürlich gab es auch in Großbritannien eine zeitgenössische nationalistische und militaristische Propaganda des Krieges, die der deutschen nicht nachstand. Doch sie wurde bereits in den 1920er Jahren durch pazifistische und kritische Werke herausgefordert und wird seit langem nur noch kritisch zitiert.

Geblieben und Schulbuchlektüre geworden sind hingegen die Werke der beiden homosexuellen und pazifistischen Schriftsteller Siegfried Sassoon und Wilfred Owen. Ähnlich wie Erich Maria Remarque, aber unerbittlicher in ihrer Analyse, verarbeiteten die beiden Soldaten ihre entsetzlichen Erlebnisse. Sie gaben die Themen vor, die bis heute immer wieder bearbeitet werden: Verstümmelung, »shell shock« (Grabenkoller), Aussichts- und Sinnlosigkeit, Desertion, das Unverständnis der Daheimgebliebenen, die Zerstörung der Familien. Keine Rolle spielt der Sieg, keine Rolle der Gegner, der nicht als Feind, sondern als Leidensgenosse vorkommt. Diese ganze Literatur ist vollkommen unheroisch.

Ein bis heute lebendiger Hass gilt dafür den eigenen Generälen, die durchgängig als dumm, verroht, geradezu gemeingefährlich dargestellt werden, die man zur eigenen Lebensrettung besser hätte erschießen sollen. Ausgesprochen oder auch nicht geht es immer auch um den Untergang der Fabrik- und Landarbeiter, die von den adeligen Offizieren »over the top« ins Maschinengewehrfeuer gejagt wurden.

In einer für deutsche Fernsehverhältnisse unvorstellbaren politischen Härte brachte das z. B. 1989 ausgerechnet der Komiker Rowen Atkinson, bekannt durch seine Rolle als »Mr. Bean«, in der Fernsehserie »Blackadder« zum Ausdruck. Er spielt hier einen Offizier, der eine ganze Fernseh-Staffel lang alles tut, um von der Front wegzukommen. In der letzten Folge, kurz bevor er einen sinnlosen Angriff führen muss, kommentiert er: »Wir hocken hier seit Weihnachten 1914, und in dieser Zeit sind Millionen von Männern gestorben, während wir nicht mehr Fortschritt gemacht haben als eine asthmakranke Ameise mit schweren Einkaufstüten.«

In »Downton Abbey«, einer der erfolgreichsten britischen »period dramas«, erfasst der Krieg alle Menschen, die in einem englischen Herrenhaus leben, und stellt ihre Welt in Frage. Die ökonomische Grundlage der Aristokratie gerät ins Wanken, da die Arbeitskräfte gehen. Frauen, sowohl aus den Ober- wie Unterschichten, werden als Arbeitskräfte mobilisiert und lassen sich die einmal gelebte gesellschaftliche Teilnahme nicht mehr nehmen. Tod und Verwundung ziehen in Form eines Reservelazaretts in die Bibliotheken und Salons ein. Landarbeiter und Bedienstete gehen und kommen nicht mehr wieder oder sind nicht mehr sie selbst, wenn doch. Der Neffe der Köchin wird als »Feigling« erschossen und sein Name darf nichts auf das Kriegerdenkmal.

Einen noch deutlich grimmigeren Ton stimmt »The Village« an. Hier ist es ein Dorf, aus dem ein »pals battalion« in den Krieg zieht. Die Bewohner des Herrenhauses wollen ihre gewohnten Privilegien behalten und verdienen am Krieg, ohne etwas zu ihm beizutragen. Ein Lehrer versucht die Kriegsdienstverweigerung und wird deshalb von allen verachtet. Ein Landarbeitersohn kehrt von der Front zurück und bricht psychisch zusammen (»shell shock«), was ihm unmöglich macht, zum Dienst anzutreten. Die Militärpolizei schleift ihn davon und stößt dabei die verzweifelten Mutter und Vater in den Dreck. Hingerichtet wird er »bei Sonnenaufgang« (»at dawn«). Auch sein Name darf nicht auf das Denkmal.

»Crimson Field« stellt britische Krankenschwestern in einem Feldlazarett in Nordfrankreich in den Mittelpunkt. Sie flicken Soldaten zusammen und machen ihnen Mut, nur damit sie des Nachts wieder an die Front marschieren können. Wenn sie zurückkommen, dann als körperliche, geistige und seelische Wracks. Eine Krankenschwester hat einen deutschen Verlobten, was niemand wissen darf. Er ist gut aussehend, einfühlsam, gebildet, spricht hervorragend Englisch und ist ein weit besserer Mensch als so mancher der britischen Charaktere. Das schöne Paar wird erwischt, die Krankenschwester, die alles für die Verwundeten getan hat, steht kurz vor der Hinrichtung wegen Feindbegünstigung. Beim Abtransport in Straflager werden sie von der Militärpolizei misshandelt und gedemütigt.

Das alles sind Plädoyers gegen Nationalismus, Rassismus, Homophobie, Frauenverachtung und die Sinnlosigkeit des Krieges im Allgemeinen und für Verständigung, Empathie, Emanzipation und Frieden. Heilung für die Traumata bringen das Aussprechen der Wahrheit, funktionierende persönliche Beziehungen, erfüllende Sexualität, eine gute Arbeit und die Natur.

Ein ganz besonderes Kunstwerk des Amerikaners Joe Sacco nimmt diesen Ton auf. Es ist »The Great War. July 1, 1916. The First Day of the Battle of the Somme. An Illustrated Panorama«. Saccos Werk stellt die Fans dieses großen Comic-Künstlers zunächst vor ein Rätsel. Sacco hat zahlreiche Terror-, Kriegs- und Katastrophengebiete der Welt bereist und zu Comic-Reportagen verarbeitet. Er ist berühmt für seine Direktheit und ungeschminkte Härte, für Nahbilder, große Gesichter und Einzelgeschichten, die das große Ganze verdeutlichen. Nichts von alledem findet sich in »The Great War«, das sich mit dem aus britischer Sicht schlimmsten Ereignis des Ersten Weltkrieges, dem Angriff auf die deutschen Stellungen im Bereich der Somme am 1. Juli 1916, beschäftigt. Mit übermäßigem Optimismus im Morgengrauen begonnen, endete er als blutigster Tag der britischen Militärgeschichte mit 57.000 Verlusten, davon fast 20.000 Toten.

Die Horrorszenarien zu diesem Krieg sind aber längst gezeichnet. Jacques Tardis anarchistisch-defätistisches Werk zum Ersten Weltkrieg ist nicht zu übertreffen, mag Sacco sich gesagt haben. Umso erstaunlicher ist aber, dass er auch eine andere ausdrücklich von ihm benannte und hervorgehobene Vorlage nicht angenommen hat. Es ist der bereits 1971 erschienene Band »The First Day of the Somme« von Martin Middlebrook. Die bizarren Details, für die diese Schlacht berüchtigt ist, werden immer wieder den zahlreichen Interviews entnommen, auf denen das Buch beruht. Die Ausgabe von Fußbällen an

die Angreifer, mit denen sie das Niemandsland im Wettstreit über-
queren sollten; das Bataillon Neufundländer, das bis heute an der
Stelle begraben ist, an der es nahezu vollständig umkam; der Offizier, der ein Geländemodell anfertigte, anhand dessen er exakt die
Stelle berechnete an der er umkommen würde; all das und noch viel
mehr hätte zu einer Visualisierung geradezu eingeladen.

Die gestalterische Lösung ist aber eine radikal andere. Es ist ein
sieben Meter langes Leporello, das die Vorbereitungen, den Angriff
und sein Scheitern aus britischer Perspektive zeigt. Sein Vorbild ist
der Teppich von Bayeux, ein grundlegendes Werk europäischer
Kunst aus dem 11. Jahrhundert. Der 70 Meter lange Teppich, eigentlich eher ein bestickter Wandbehang für die großen Herrenhäuser,
schildert den normannisch-angelsächsischen Konflikt um die Macht
auf der Insel, der in der Schlacht von Hastings 1066 kulminierte. Es
ist ein Produkt der Sieger, der Normannen. Und doch ist es keine
reine Verherrlichung von König Wilhelm dem Eroberer, sondern
ausgerichtet auf Fairness und Versöhnung. Harold, der unterlegene
angelsächsische König, wird als fehlgeleitet, aber trotzdem ehrenwert
charakterisiert. 1066 steht für den Beginn der englischen Geschichte
und Sprache im eigentlichen Sinn. Den 1. Juli 1916 kann man – zugespitzt – für den Anfang vom Ende des britischen Empire halten,
da er die Endlichkeit der eigenen Kräfte zum ersten Mal wirklich
deutlich machte.

Saccos gezeichnetes Leporello bringt es auf sieben Meter, die
man entweder wie ein Buch durchblättern oder entfalten kann. Hier
wie dort ist es eine Bildergeschichte voller Details an Personen, Kleidung, Waffen, Gebäuden, Werkzeugen, Tieren usw. Doch Sacco fehlen im Gegensatz zu den Frauen, die den Teppich auch mit lateini-
schen Erläuterungen bestickt haben, die Worte. Was man sieht, wird
nur im Begleitheft erklärt. Es ist außerdem eine graue Welt ohne die
wunderschönen Farben des Mittelalters.

Der Militärhistoriker würde außerdem einwenden, dass Details
fehlen, die das schreckliche Desaster erklärbar machen. Der Gegner wird nicht dargestellt und es gibt auch keine politisch-moralische

Einordnung. Vor allem aber fehlt das, was bei vielen Denkmälern zu Kriegen und Terror heute vordringlich ist, nämlich den Opfern einen Namen zu geben. Das Leporello ist hingegen ein Werk der Distanz, akzeptierend, dass wir keine persönliche Beziehung mehr herstellen können. Sacco vermittelt den Respekt gegenüber den Menschen auf eine andere Weise, die eine titanische Arbeit, eine Art von Opfer, erfordert hat. Er konzentriert sich darauf, jeder Figur eine Umrandung zu geben, sie nicht in Andeutungen und Schatten verschwinden, also in der Masse untergehen zu lassen. Das Kriegsgeschehen selbst war nicht in erster Linie Kampf, sondern zu allererst Arbeit. Seine Figuren – und es müssen tausende sein – tragen, schieben, ziehen, stopfen usw. usf. Und am Ende muss vor allem geschaufelt werden, nämlich die Gräber, und gehämmert und bemalt, und zwar die Grabkreuze.

Der Bayeux-Teppich hat fast ein Jahrtausend an Kriegen, Plünderungen, Bränden, Umstürzen und Verbrechen und zum Schluss sogar 1940-1944 die Deutschen überstanden.

Sieht oder liest man all das als Deutscher, ist man beeindruckt von so viel konkreter Selbstkritik und betroffen und gerührt von der Menschlichkeit, die zum Ausdruck kommt. Sieht man es kritisch, fallen einem Einwände ein: Zentral verantwortlich für diesen Krieg war nun einmal Deutschland. Es führte einen Angriffskrieg, insbesondere gegen das neutrale Belgien. Seine Soldaten plünderten die besetzten Gebiete aus und begingen zahlreiche Kriegsverbrechen. Jede Chance auf Frieden wurde von der deutschen Diplomatie verhindert, die selbst im letzten Kriegsjahr noch vom Siegfrieden träumte. Nicht Besinnung, Verständigung und Frieden, sondern geheime Aufrüstung bestimmten die Zeit nach 1918. Gelernt hat das deutsche Militär aus dem Ersten Weltkrieg nur, wie ein Weltkrieg besser zu führen ist.

Das sind lauter schlimme Wahrheiten, die im britischen Weltkriegsdiskurs nicht mehr vorkommen. Das macht ihn versöhnlicher und erträglicher, aber etwas Wichtiges fehlt.

Unterm Hakenkreuz – die Kanalinseln

Die vor der Küste der Normandie liegenden Inseln Jersey, Guernsey, Alderney, Sark und Herm kennt man heute als Steuerparadies – sie sind dank ihres dubiosen völkerrechtlichen Status als »Kronland« nicht Teil Großbritanniens – und wegen des milden Klimas als landwirtschaftliches Leistungszentrum und Urlaubsziel für Menschen, denen die Mittelmeerregion zu heiß ist. Es gibt allerdings noch einen weiteren Grund, insbesondere die nicht ganz preiswerten Hauptinseln Jersey und Guernsey aufzusuchen: die Überreste des Zweiten Weltkrieges.

Die Inselgruppe wurde im Juni 1940 kampflos von den Deutschen besetzt. In den chaotischen Tagen des französischen Zusammenbruchs unterblieben klare Anweisungen aus London, so dass ein beträchtlicher Teil der Bevölkerung und auch die lokale Regierung und Verwaltung zurückblieben. Hitler war begeistert, wenigstens einen kleinen Teil Großbritanniens besetzt zu haben, und ließ ein gigantisches Bauprogramm starten, um jedweden Rückeroberungsversuch zu vereiteln. Nicht bedacht hatte er die strategische Bedeutungslosigkeit der Inselgruppe, die es den Alliierten ermöglichte, sie nach dem D-Day einfach links liegen zu lassen. Tatenlos musste die deutsche Besatzung zusehen, wie die deutsche Front immer weiter nach Westen verschwand. So kam es, dass die Befreiung fast ein ganzes Jahr später erfolgte, nämlich erst am 8. Mai 1945. Somit gehörten Jersey und Guernsey zu den am längsten von den Deutschen kontrollierten Gebieten überhaupt.

Nach der Befreiung wurden ungeheure Mengen an Waffen und Munition eingesammelt und vernichtet. Zahlreiche Artefakte jedoch – Schilder, Uniformen, Gerätschaften, Fahrzeuge usw. – wurden musealisiert. Die baulichen Hinterlassenschaften ließen sich ohnehin nicht ohne weiteres beseitigen. Die Reste des deutschen Bauprogramms – Bunker, Maschinengewehrnester, Geschützstellungen, Betonwege und Tunnelanlagen – sind allgegenwärtig und insbesondere in den entlegeneren Küstenabschnitten die optisch dominierenden

Bauwerke. Könnte man sie theoretisch auch abreißen, gibt es tatsächlich keine Anstrengungen dazu. Im Gegenteil werden viele von ihnen bewusst herausgestellt oder sogar rekonstruiert. Auf Guernsey trifft man zum Beispiel bei einer Geschützstellung auf ein Schild, das die Baugeschichte erläutert. Demnach wurden dort nach 1940 so und so viele hundert Tonnen Gestein herausgesprengt und schwere französische Marinegeschütze eingebaut. Nach 1945 warf man die Kanonen ins Meer und schüttete den Aushub wieder in die Löcher. Stolz wird erläutert, dass man nun den Aushub erneut entfernt und baugleiche Kanonen aus Frankreich importiert und symbolisch wieder aufgestellt habe.

Man wirbt damit, die höchste Dichte an Kriegsmuseen der Welt zu haben. Deren ältestes ist das private »German Occupation Museum« auf Guernsey. Direktor R. L. Heaume erläuterte mir im privaten Gespräch 2013 gerne, wie sehr es ihn freue, dass deutsche Besucher kommen. Er äußerte sich sehr positiv über sie, und warb um Verständnis für die früheren Besatzer. Auch sie hätten nur ihre Pflicht getan und sich im Wesentlichen korrekt verhalten. Sein Museum verfüge über die größte Sammlung originaler Gegenstände und damit hatte er nicht übertrieben. Fast erschlagen von deutschen Verlautbarungen, Telefonanlagen, Waffen, Munition usw., zog ich mich zur Erholung in den Tea-Room zurück. Dort saß ich dann zwischen lebensgroßen Wehrmachtspuppen mit Gerätschaften.

Die Darstellung in Form von Puppenstuben ist von den Heimat-Museen der Inseln übernommen (oder ist es andersherum?) und wird von den neueren Kriegsmuseen weiter entwickelt. Im Eingang der neu zugänglich gemachten Jersey War Tunnels – einer großen unterirdischen Bunkeranlage – wird der Besucher von einem getarnten deutschen Sturmgeschütz mit Puppenbesatzung empfangen. 2012 dröhnte unablässig das Horst-Wessel-Lied, während ein junger Mann – offensichtlich mit Down-Syndrom – in britischer Uniform freudig die Eintrittskarten abriss.

Aber die ganze als Militärkrankenhaus geplante Anlage ist nie in Betrieb gegangen. Der Besucher wird verleitet, die beeindruckend arrangierten Szenen unterschiedslos für wahr zu halten. Dass so viel Wert auf den optischen Eindruck gelegt wird, ist nicht mehr überraschend, wenn man erfährt, dass die War Tunnels von einer »Ltd.«, also einer Firma, betrieben werden.

Die Kanalinseln sind ein wichtiges Beispiel für den von den Tourismusforschern John Lennon und Malcolm Foley postulierten »Dark Tourism« und werden deutlich kritisiert. An den touristischen Stätten würde die Kollaboration nicht deutlich genannt werden (vgl. Lennon/Foley: 66-76). Mittlerweile erforscht, aber nicht gern zugegeben, ist die Mitverantwortung der Behörden an der Deportation der kleinen Anzahl jüdischer Einwohner. Wie in anderen besetzten Ländern auch, wurden eigenständige antisemitische Bestimmungen erlassen, die am Ende zu KZ und Tod führten. In den »War Tunnels« beschäftigt man sich allerdings sehr wohl auch mit der Auslotung von »Zusammenarbeit« und »Kollaboration« der Inselbehörden und einzelner Persönlichkeiten mit den Deutschen und trifft harte Urteile. In irgendeiner Art und Weise mit den Deutschen zu tun zu haben, war in der langen Zeit der isolierten Besatzung nahezu unausweichlich. Die hohen deutschen Löhne veranlassten manchen Arbeitslosen dazu, an den Bunkeranlagen mit zu bauen, die die eigene Befreiung verhindern sollten. Zigtausend gelangweilte junge deutsche Männer mit Wurstdosen und Zigaretten trafen auf einen kriegsbedingt hohen Frauenüberschuss. Das entstehende Beziehungsspektrum reichte von wahrer Liebe bis zur Not-Prostitution. Nach Kriegsende kam es aber nicht zu den aus anderen Ländern bekannten öffentlichen Demütigungen der »Deutschen-Liebchen«, auch nicht zu Prozessen gegen Kollaborateure.

Stärker noch als die Ausstellungen beeindrucken die offensichtlichen Deutungsprobleme der Inselgesellschaften bezüglich der »Occupation«. Sie sind so stark, dass sie nicht nur die zahlreichen Besatzungsmuseen, sondern jede Heimatstube und jedes Gespräch insbesondere mit älteren Einwohnern durchziehen. Der quälende Widerspruch besteht darin, dass die Erfahrungen der Insulaner nicht denen der kämpfenden Siegernation Großbritannien entsprechen, sondern jenen der unterworfenen Festlandseuropäer ähneln. Gegenüber dem Mutterland besteht ein unterschwelliger Vorwurf: Guernsey, Jersey und die kleineren Inseln wurden im Juni 1940 weder verteidigt noch 1944 befreit. Beides war aus rein militärischer Sicht zwar verständlich, aber gefühlsmäßig schwer zu verarbeiten.

Die besonderen, teils peinlichen Erfahrungen der Insulaner spielten in der Nachkriegs-Nationalerzählung zum Krieg keine Rolle und wurden lange Zeit verdrängt. Vielleicht eher unfreiwillig macht das zentrale Befreiungsdenkmal auf Guernsey das Problem deutlich: Eine Säule mit Jahresringen zeigt die besagten fünf Jahre als Leerstelle, als hätte es sie nicht gegeben.

Schwieriger Teil der »falschen« Erinnerung der Insulaner ist die ungewöhnlich positive Einschätzung der Wehrmachtssoldaten. Man erlebte sie als »normale« Besatzer, oft auch als »arme Schweine«, nicht als alles niederbrennende Mörder. Dass die relative Milde der Besatzungsbedingungen Ausdruck von Hitlers Kalkül gegenüber Großbritannien war, konnte man nicht wissen und wird selbst heute kaum thematisiert. Auch hielt man die Bewohner Jerseys und Guernseys vom Ort des Terrors, der evakuierten Insel Alderney, fern. Dort fielen hunderte Zwangsarbeiter den Deutschen zum Opfer. Die Inselregierungen und die Inselgesellschaften haben bis heute keinen Weg gefunden, die »geschwärzten« Erfahrungen und Gefühle zu thematisieren und angemessen zum Ausdruck zu bringen. »Ihr habt uns im Stich gelassen!« – diesen Satz darf es bis heute öffentlich nicht geben. Stattdessen fördert man einen unreflektierten Militärtourismus, in dem die in der Regel britischen Besucher den deutschen Militarismus losgelöst von seinen Zielen erleben. Die einsamen deutschen Bunker werden zu den Ritterburgen der Zukunft.

US-Amerikanisches

Waffen-SS live – Die Reenactment-Bewegung

Der Alptraum aller Pazifisten findet jeden Sommer in der südenglischen Grafschaft Kent statt. Unter dem Titel »War and Peace Show Revival« (bis 2012 nur »War and Peace Show«) finden sich ca. 100.000 Menschen zusammen, um am weltweit größten Reenactment-Ereignis teilzunehmen.

Für den Begriff »Reenactment« oder »Reenactors« gibt es keine gängige deutsche Übersetzung. Im übertragenen Sinne bedeutet er so viel wie Wiederaufführung, Neuinszenierung oder Wiederholung. Das Verb »to re-enact« bedeutet nachstellen, neu aufführen oder wiederholen; »to re-enact a crime« wäre »ein Verbrechen nachvollziehen«.

In Deutschland kennt man z. B. »Ritterfeste«. Mehr oder weniger gründlich vorbereitete Gruppen von Enthusiasten inszenieren Feldlagerszenen oder simulieren Kämpfe. Kleidung, Waffen und Ausrüstungsgegenstände sollen möglichst echt aussehen, aber natürlich soll niemand wirklich zu Schaden kommen. Die Laiendarsteller vermeiden alles Störende – eine vergessene Armbanduhr kann das ganze Bild ruinieren. Die Zuschauer wollen in erster Linie unterhalten werden, die Kinder beschäftigt haben und sich ein wenig hineinträumen in das frühere Heldenleben. Sie sind bereit, für Eintritt oder »Ritterspieß« Geld zu bezahlen, ohne das Ganze besonders ernst nehmen zu müssen.

Die War and Peace Show überträgt diese Prinzipien auf die Kriege des 20. Jahrhunderts mit dem Ergebnis eines riesigen Kriegsfestivals. Die Attraktivität der Veranstaltung, in der es ausschließlich um den ersten Namensbestandteil und überhaupt nicht um den »Frieden« geht, beruht im Kern auf der Aktivität zahlreicher Reenactment-Gruppen. Diese reisen nicht nur aus Großbritannien, sondern auch wie die Besucher und Händler aus vielen Ländern an.

Statistische Aussagen über die Größe der Szene sind schwer zu machen. Thompson schätzte die Weltkriegs-Reenactor-Szene der USA für die Ende der 1990er Jahre auf 6.000 Angehörige (Thompson: 60).

Zugang zur Welt der »Axis-Power-Reenactment«-Gruppen bietet das Internetportal www.panzergrenadier.net. Zur Zeit verzeichnet es insgesamt 65 Gruppen, davon aber nur eine einzige japanische. Der allergrößte Teil ist in Großbritannien (22) und den USA (35) beheimatet, der Rest in Irland, Kanada, Deutschland, Finnland, Schweden, Polen und Spanien. Insgesamt 25 repräsentieren Divisionen der Waffen-SS, mit dem Schwerpunkt auf den bekanntesten wie »Das Reich« oder »Leibstandarte«. Die Qualität der Homepages ist sehr unterschiedlich. Sie bieten Informationen für Interessierte und weisen auf kommende »Events« hin. Den Schwerpunkt bilden aber Fotostrecken und Filmsequenzen, die die Mitglieder in vorgetäuschten historischen Szenen zeigen. Der Ehrgeiz besteht darin, sie möglichst echt wirken zu lassen, weshalb sie sich an einschlägigen historischen Kriegsberichter-Produkten orientieren. Die Ergebnisse sind im Grunde doppelte Illusionen, denn auch die Werke der Propagandakompanien waren selbstverständlich in der Regel bereits gestellt. Ab einem bestimmten Entwicklungsstand sind sie für Laien, aber auch für historisch Vorgebildete tatsächlich kaum noch von alten Fotos zu unterscheiden. Im Internet bilden die Werke der Reenactment-Gruppen bereits einen beträchtlichen Teil des Film- und Fotomaterials zum Thema Waffen-SS. Nur statistische Überlegungen helfen noch recht sicher weiter, denn Angehörige von Reenactment-Gruppen sind in der Regel größer, älter und meist auch dicker als ihre historischen Vorbilder.

Nicht verwechselt werden darf diese Szene mit rechtsradikalen politischen Gruppen und insbesondere nicht mit den bewaffneten

»Milizen«, die in den dünn besiedelten Gebieten des amerikanischen Westens zuweilen einen extrem antistaatlichen Siedler-Konservatismus zelebrieren. So militant Reenactoren auch wirken, fällt bei ihren Events doch nie ein echter Schuss.

Der Ursprung des modernen Reenactments (streng genommen werden schon seit der Antike immer wieder Schlachten nachgespielt) wird mit dem hundertsten Jahrestag des Ausbruchs des amerikanischen Bürgerkriegs 1961 angesetzt. Bis heute bildet das Bürgerkriegs-Reenactment einen wesentlichen Bestandteil des US-amerikanischen Zweiges der Bewegung. Aufwand und Engagement der Darsteller der Schlachten des Krieges von 1861-1865 halten sich allerdings in Grenzen. Das Reenactment des Ersten und Zweiten Weltkriegs hat sich aus diesem Massenphänomen entwickelt und zwar als radikalisierte Form und in deutlicher Abgrenzung zur Ursprungsbewegung. Die geschätzten 6.000 Pseudo-Soldaten kehren von ihren Events nämlich verfroren, schmutzig und mit blauen Flecken zurück. Sie verstehen sich als Teil einer Gemeinschaft oder, wie der Brite Gaz Milton schreibt, einer »Bruderschaft« (Milton 2013). Natürlich gibt es Militärinteressierte, die ganz für sich alleine Uniformen, Waffen und Gerätschaft horten. Doch erst in der Gemeinschaft mit Gleichgesinnten macht die Sache richtig Spaß und können die drei wesentlichen Spielarten des Reenactments durchgeführt werden. Die bedeutendste ist die »Living History«, das detaillierte Inszenieren von »Szenen« einer ausgewählten militärischen Einheit der Vergangenheit. So verschanzen sich »US-Ranger« in einem »Dschungelcamp« oder britische Fallschirmjäger hinter einer Panzerabwehrkanone, während im Hintergrund auf offener Flamme Blechdosen mit Corned Beef erwärmt werden.

Diese eher statische Inszenierung kann weitergeführt werden zu vor Publikum ausgetragenen Schaukämpfen mit choreografiertem Ablauf und Ausgang. Abseits der Öffentlichkeit treffen sich Reenactment-Gruppen zu »privaten« Events, bei denen es nicht darauf ankommt, wer gewinnt, sondern um den Akt des simulierten Kampfes.

Als weiterer Aktivitätszweig ist im Zuge der technologischen Entwicklung das Erstellen und Verbreiten von nachgestellten Fotos und Filmsequenzen hinzu gekommen. Die ambitioniertesten Gruppen hat ohnehin schon jeder einmal gesehen, da sie gerne als Komparsen für Kriegsfilme herangezogen werden. Die am häufigsten nachgespielten militärischen Verbände sind US-amerikanische und deutsche. Wenig verwunderlich, sind es vor allem diejenigen Truppenteile, die über ein historisches Renommee verfügen oder durch Spielfilme besonders bekannt sind. Das sind im Falle der Amerikaner bspw. die »Paratrooper« und »Ranger« und bei den Deutschen die Waffen-SS.

Reenactment ist eine »Mannschaftssportart«. Die Gruppe legt Ausrüstungs- und Verhaltensstandards fest. In ihr gibt es zwar Hierarchien, die auf Ansehen, Erfahrung und Engagement basieren, die aber nicht mit militärischen Hierarchien zu verwechseln sind. Der finanzielle und zeitliche Aufwand kann beträchtlich werden. Zwar sind einfache Uniformrepliken bereits für ca. 300 Euro zu erwerben. Originale Ausrüstungsgegenstände, Waffenrepliken und insbesondere militärisches Großgerät wie Kanonen und Panzer erfordern hingegen große Anstrengungen. Historisches Gerät wird entweder restauriert oder nachgebaut. Insbesondere bei den größten anzustrebenden Stücken wie einem »Tiger«-Panzer gibt es kaum Originale. Die wenigen, die es gibt, werden wie kostbare Reliquien behandelt und vorgeführt.

Befragt, warum die Männer, denn es handelt sich in überwältigender Mehrzahl um weiße männliche Aktivisten, das alles tun, würde man folgende Antworten erhalten: Man möchte in eine spannende andere Welt eintauchen, nachempfinden, was frühere Soldaten geleistet haben, und das alles in einer Gemeinschaft von Gleichgesinnten. Politik soll keine Rolle spielen. Insbesondere wird verneint, dass das Nachspielen von Wehrmachts- und SS-Verbänden irgendetwas mit einer inhaltlichen Nähe zum NS-Regime zu tun habe. Allerdings tritt hier sofort ein Widerspruch auf. Milton schreibt:

»Außerdem noch zu bedenken ist, dass man, während man eine Uniform trägt, diejenigen repräsentiert, die diese Uniform tatsächlich vor Jahrzehnten getragen haben. Beim Reenactment einer bestimmten Einheit geht es darum, die Männer oder Frauen zu ehren, die am Krieg teilgenommen haben. Man muss sich entsprechend benehmen.« (Milton: 16)

Aber wie benimmt man sich »entsprechend«, wenn man bspw. die »Leibstandarte Adolf Hitler« nachspielt?

Die Amerikanerin Jenny Thompson zitierte in ihrer umfassenden, mit quantitativen und qualitativen Methoden durchgeführten Studie über das Weltkriegs-Reenactment in den USA einen »deutschen Offizier«, d. h. einen Amerikaner, der im normalen Leben Versicherungsangestellter, Bauarbeiter oder ähnliches ist, mit folgenden Worten:

> »Freunde, wir sind heute hier, um den Soldaten, die für ihr Land gekämpft haben und gestorben sind, Tribut zu zollen. Wir sind nicht hier, um Urteile zu fällen, sondern um den einfachen Soldaten zu ehren. Wir blicken heute zurück auf die furchtbaren Tage des Blutvergießens und können nur hoffen, dass sie sich nie wiederholen mögen. Wir kommen in Freundschaft zusammen, um die Opfer derjenigen Männer und Frauen zu ehren, die so furchtbar gelitten haben und den schrecklichsten Krieg des 20. Jahrhunderts bekämpft haben. Mögen sie nie vergessen werden und mögen die Menschen sich erinnern und sich im Klaren darüber sein, dass Krieg eine Tragödie ist.« (Thompson: 27)

Thompson wies nach, dass die »Ehrung der Soldaten«, obwohl immer wieder öffentlich proklamiert, nur eine eher schwache Triebkraft der Reenactoren ist. Die Politik und Strategie des Krieges, also wer warum welche Feldzüge begonnen und gewonnen oder verloren hat, interessiert ebenfalls kaum. Es ist der »Soldat an sich«, und zwar das namenlose »Frontschwein« und sein Erleben, das im Zentrum des Interesses steht. Dabei hat nur eine kleine Anzahl der Männer selber Militärerfahrungen oder möchte an einem tatsächlichen Krieg teilnehmen. Typisch für die von Thompson untersuchten Reenactoren der späten 1990er Jahre war eine Vätergeneration, die schweigsam aus dem Krieg zurückgekehrt war. Gleichzeitig war und ist die Welt der US-Medien geradezu besessen vom Krieg, und die Reenactoren gehören zu den eifrigsten Nutzern unzähliger Kriegsfilme, denen sie andererseits aufgrund ihres enormen Detailwissens kritisch gegenüberstehen. Ohne allzu sehr ins Psychologische zu verfallen, ist die individuelle Ursache für das kräftezehrende Reenactment-Engagement eher in einer Art Sucht oder Abhängigkeit zu suchen als in einem politischen Statement. Was Reenactoren nicht verstehen können oder wollen, ist, dass ihre Konzentration auf das Soldatische an sich bereits tief ideologisch ist. Sie beinhaltet die Abspaltung wesentlicher Züge des menschlichen Seins – z.B. Arbeit und Liebe – und behauptet gewollt oder ungewollt die Unausweichlichkeit des Krieges.

Die tiefste Erfüllung bietet das Hobby nicht in den öffentlichen Zurschaustellungen, sondern in den »private events«. Goldene Momente oder »authentische Illusionen« sind solche, in denen Kleidung, Verhalten und Spielszene so perfekt zueinander passen, dass man sich für Augenblicke tatsächlich in der anderen Zeit wähnt. Um dies auch genießen zu können, ist jedoch völlige Identifikation ausgeschlossen. Reenactoren sind zugleich Produzenten und Konsumenten ihrer Inszenierung. Als besonders gelungene SS-Szene wird z.B. folgende geschildert:

»Ich wurde von meiner Einheit getrennt, ich wanderte die Straße herunter und dann rannte ich ungefähr 20 Deutschen in die Hände, 20 SS-Männern, und ich ergab mich. (…) Zuerst nahmen sie mir meine Waffen weg und dann sagte einer der Offiziere etwas auf Deutsch zu den anderen Deutschen und dann haben sie mich in einen Graben gestoßen und dann haben sie mich erschossen. Danach posierten sie mit meinem toten Körper. (…) Dann haben sie mich aufgehoben und dann haben sie irgendwie zu sprechen angefangen (…) Und dann haben sie mir gedankt, dass ich solch einen tollen Toten gespielt hätte, und dann bin ich zurück durch die deutschen Linien gelaufen.« (Thompson: 261 f)

Das auffallend große Interesse, ausgerechnet Einheiten der Waffen-SS nachspielen zu wollen, wirft Fragen auf. Das Erscheinungsbild der Deutschen wird angeführt:

>»Männer mögen das deutsche Zeug. Optisch sind die deutschen Impressionen die beeindruckendsten. (...) Ihre Uniformen, ihre Ausrüstung, alles davon sieht einfach am besten aus. (...) die Deutschen sehen einfach besser aus und strahlen mit ihren hohen Stiefeln, einschüchternden Helmen und gut geschnittenen Mänteln mehr Macht aus«, werden Reenactoren zitiert (ebd.: 68).

SS-Männer spielen zu wollen, wird zuweilen auch als rebellischer Akt verstanden. Mancher möchte wenigstens im Spiel zu den »bad boys« gehören (ebd.: 58). Das Renommee einer Mörderbande bleibt attraktiv.

Durchaus zwiespältig ist das Verhältnis zwischen Reenactoren und Veteranen, da die Interessen der Jüngeren und Älteren divergieren. Möchten die ersteren immer mehr Details über das Frontleben wissen, halten die Älteren diese häufig für irrelevant im Vergleich zum erlebten Schrecken. Beziehungen bestanden zumindest noch in den 1990er Jahren auch zu deutschen Veteranen, die an Events als Gäste teilnahmen und ihre eigene Interpretation entwickelten:

>»Einmal sah ich einen deutschen Weltkriegs-Veteran sich mit Reenactoren abseits der Öffentlichkeit unterhalten. Mit einem großen Lächeln auf dem Gesicht erzählte er wie dankbar er dafür sei, was man ihm gezeigt habe, da – wie er mit leiser Stimme sagte – so viele Menschen den deutschen Soldaten des 2. Weltkrieges verleumdeten und nicht anerkennen würden, was diese geleistet hätten.« (ebd.: 112)

Maßstab und Informationsquelle der Gruppen sind weniger die Veteranen als vielmehr historisches Material (Fotos, Filme, Zeitschriften usw.) und auch gegenwärtige Literatur. An dieser Stelle öffnen sich die vorgeblich unpolitischen Gruppen in großem Ausmaß kriegsverherrlichendem bis revisionistischem Schrifttum. Aber selbst, wenn dem nicht so wäre, ist es höchst unwahrscheinlich, dass die Mitspieler tatsächlich eine Kritikfähigkeit gegenüber der von ihnen repräsentierten Gruppe behalten, denn immerhin ist freiwillige Identifikation durch aktives Hineinversetzen die Hauptsache.

Alles in allem interpretierte Thompson das Weltkriegs-Reenactment als zwar merkwürdige, nicht aber als militaristische oder ge-
schichtsrevisionistische Erscheinung. Sie fasste zusammen:

»Reenacting ist kein Versuch, die Geschichte nachzuerleben. Es ist
eine gegenwärtige Aktivität, die ihre Beziehung zur Gegenwart dadurch verschleiert, dass sie historische Uniformen anzieht. Das heißt
nicht, dass Reenactoren nicht auf einer gewissen Ebene versuchen
zu verstehen, wie Krieg wirklich war, oder ihn authentisch zu repräsentieren. Auf einer tieferen Ebene geht es jedoch darum, Befriedigung dadurch zu erzeugen, dass man Geschichte selbst kreiert und
Geschichte besitzt. (...) Reenactoren suchen nach Macht, Kontrolle,
Freundschaft, Zugehörigkeit und Zustimmung. (...) über allem anderen geht es darum, dass mit dem Hobby Bedürfnisse befriedigt
werden, die im Leben von so vielen Amerikanern unerfüllt bleiben.«
(ebd.: 278)

Was an ihrer Studie fehlt, ist die Frage nach den gesellschaftlichen
Auswirkungen der Inszenierung und Repräsentation von Wehr-
machts- und SS-Verbänden insbesondere im Internet-Zeitalter. Mögen die individuellen Ziele der Reenactoren zumindest subjektiv
unpolitisch sein, ihre Ausstrahlung ist es gewiss nicht. Die von ihnen gestalteten Fotos der Waffen-SS bilden mittlerweile einen nicht
unerheblichen Teil des Bilderpools zu dem Thema überhaupt. Sie
sind ähnlich verherrlichend wie die der deutschen Propagandakompanien und werden ausgiebig in Internetforen besprochen. Höchs-
tes Lob erhält, wer dem SS-Mann optisch und gestisch am nächsten
kommt.

Deutsche Reenactoren sind sich über die politische Bedeutung
ihrer Handlungen viel deutlicher im Klaren als angloamerikanische.
Sie operieren in ihrem Heimatland bislang äußerst vorsichtig, müssen sie doch gewahr sein, dass Uniformierung und NS-Symbolik die
Polizei und Staatsanwaltschaft auf den Plan rufen würden. Von einer
starken gesellschaftlichen Ablehnung muss überdies ausgegangen
werden. Erst in jüngster Zeit, und zwar wohl nicht ganz zufällig gerade in Sachsen, ist eine Reenactmentgruppe erstmalig öffentlich auf-

getreten. Beim »Tag der Sachsen« nahmen 2011 in Kamenz und 2012 in Freiberg auch die »Militärtechnikfreunde Sachsen« am Festumzug teil. Das kritisierten Sozialdemokraten und Linke, die Verantwortlichen der veranstaltenden Städte fanden nichts dabei.

Zombies, Roboter und Menschen

Die Verbrechen des NS-Regimes, seine Exzesse, sadistischen Morde und pseudomedizinischen Experimente, aber auch das Verschleppen, Töten und Verbrennen von Massen von Menschen werden heute immer öfter kommerziell zur Bedienung sadistischer Bedürfnisse ausgebeutet.

Die ernsthafte filmische Auseinandersetzung mit den Verbrechen des NS-Regimes vermeidet eher das explizite Zeigen bzw. verbietet es sich regelrecht. So Claude Lanzmann, Autor des 12-stündigen Zyklus »Shoa«: »Der Holocaust ist vor allem darin einzigartig, dass er sich mit einem Flammenkreis umgibt, einer Grenze, die nicht überschritten werden darf, (...) und es ist meine tiefste Überzeugung, dass jede Darstellung verboten ist« (zitiert nach Evers: 9).

Steven Spielberg brach 1993 in »Schindlers Liste« mit dieser Konvention. Seine fiktiven Bilder vom Judenmord haben auf die Vorstellungen vieler Millionen Menschen einen extrem starken Einfluss ausgeübt, und das ohne staatliche Erlaubnis und Auftrag. (vgl. Evers: 34-44)

Abseits des Mainstream-Kinos scherte man sich allerdings schon lange nicht um das »Verbot«. Wie umfangreich, tiefgehend und geradezu besessen diese Taten in der westliche Filmkultur aufgenommen und verwertet werden, ist der interessierten politischen Öffentlichkeit nur deshalb nicht bewusst, weil die einschlägigen Genres wahrscheinlich nicht gerade zu denen gehören, die von Gedenkstättenmitarbeitern usw. genutzt werden. Wer sich vergewissern möchte, dass jede Nazischandtat längst nachgespielt, reinszeniert, trivialisiert, ausgebeutet, umgedeutet und rekontextualisiert wird, muss sich mit dem Horror-, Splatter- oder Folterpornofilm beschäftigen. Seine ersten Ausprägungen fanden sich bereits in den 1970er Jahren in sogenannten »Sadiconazista«, die insbesondere die pseudomedizinischen Experimente fetischistisch-gewaltpornographisch aufbereiteten. Zum Massenphänomen aber wurden sie erst nach der Jahrtausendwende. Detailliert beschrieben und filmwissenschaftlich analysiert hat dies Florian Evers in seiner Studie zu den »Vexierbildern des Holocaust« (Evers 2011). Seiner Ansicht nach handelt es sich um Filme, die keine Aussagen über Auschwitz treffen, sondern die Verbrechen nur als Versatzstücke und Vehikel benutzen. Er sprach vom »Oberflächendesign«. Ganz zu Recht kritisierte er, dass auf die Nazilager die Begriffe »Hölle« und »dämonisch« verwendet werden, denn in die Hölle kommen bekanntlich verdientermaßen die Bösen und der Teufel setzt Gott voraus, so dass letztlich doch alles seine Ordnung hat (Evers: 27 ff, 62 f).

Die CGI-Technik macht es möglich, beliebige Bilder, auch solche, die vormals nur mit größtem Aufwand hergestellt werden konnten, zu erstellen und der Schauspielerei realer Menschen hinzuzufügen. Mehr noch, Elemente der Filmtechnik, die früher nur Profis zur Verfügung standen, werden zunehmend massentauglich. Dies führt dazu, dass die imaginierten Nazibilder des Films vom Konsumenten aufgegriffen, selbstständig verwertet und dann erneut verbreitet werden. Typisch dafür sind sogenannte »Tribute-Videos« auf youtube.

Ein Beispiel: Der als Kommandant des KZs Auschwitz imaginierte »Obersturmbannführer Karl Kroenen« agiert im Spielfilm »Hellboy« als agiler, gasmaskenbestückter, durch Implantate verbesserter Bösewicht und den Fähigkeiten eines Martial-Arts-Stars. Davon ausgehend, aber in einer von der Intention des Filmes abweichenden Interpretation wird Kroenen in aus Zitaten des Films montierten »Tribute-Videos« auf youtube (beispielsweise www.youtube.com/watch?v=_WV159eJ3yE, Zugriff am 16.07.2016), von hämmernder Musik begleitet, zu einem Idol, ja aber für was eigentlich? Nicht für Schönheit, aber für Kraft, Mut, Geschick, vor allem aber für Rücksichtslosigkeit und Unüberwindbarkeit (zur Kunstfigur »Kroenen« siehe Evers: 75-82).

Dies ist albern, moralisch verkommen oder voyeuristisch. Es
stecken trotzdem wichtige Informationen selbst in den miesesten
Produkten. Sie lauten, dass zumindest Abbilder – Evers spricht von
»Vexierbildern« – der NS-Verbrechen auf unbestimmte Zeit fortexis-
tieren werden, dass sie völlig frei für verschieden Interessen – z. B.
ökonomische und sexuelle – verwendet werden, dass die Seite der
Täter eine hohe Faszination ausübt und dass das Interesse, wirklich
etwas über »Auschwitz« sagen zu wollen, gering ist. Das heißt allerdings nicht, dass dies gar nicht geschieht, wie Evers nahelegt. Man
sollte nicht wie Lanzmann das »Verbot« der Darstellung fordern,
sondern sich dafür interessieren, ob mit den Darstellungen etwas
Wichtiges und Richtiges gesagt wird.

Dass dies auch im Horror möglich ist, zeigt das Subgenre des
Zombie-Films, das seit langem als ausgesprochen politisch und phi-
losophisch diskutiert wird. Eine der politisch eindrücklichsten Fern-
sehszenen der letzten Jahre ist beispielsweise die Eingangssequenz
der dritten Staffel von »The Walking Dead«. Wie immer im Zombie-
Film ist eine Gruppe von Nichtinfizierten auf der Flucht vor men-
schenfressenden Untoten. In »The Walking Dead« ist ihre Zuflucht
ausgerechnet ein Gefängnis, in dem sie sich scheinbar auf Dauer
einrichten können. Hinter Stacheldraht gräbt der bewaffnete Prota-
gonist friedlich in seinem Garten, sich vor Geräuschen durch Kopf-
hörer abschottend. Die Kamera schwenkt auf eine Herde Zombies,
die schmachtend vor dem Zaun die Zähne fletschen. Überzeugender
wurde die Festung der Industriestaaten, die die Hungrigen der Welt
nicht nur gewaltsam draußen hält, sondern auch noch dämonisiert,
selten in Szene gesetzt (»The Walking Dead«, Staffel 3, Folge 1).

Die Science-Fiction beschäftigt sich mit den Widersprüchen aus
technischem Fortschritt einerseits und gesellschaftlichem Rückschritt
andererseits. Eines der typischen, ja durch »Der Krieg der Welten«
von H.G. Wells (1898) sogar begründenden und in unzähligen Va-
rianten erzählten Themen der Science Fiction ist der Kampf der
Maschinen gegen die Menschen; genauer gesagt, der Überfall der
Maschinen auf die Menschen, ihre Unterdrückung, Versklavung und

Ausrottung. Hier machen sich seit jeher Kriegs-, Untergangs- und Atomangst Luft.

Exemplarisch für die Thematisierung der Ausrottungsangst ist die vierteilige »Terminator«-Reihe (1984-2009) mit Arnold Schwarzenegger als einem aus der Zukunft zurückgekehrten (beinahe) unzerstörbaren Maschinenwesen. Das eigentlich Furchtbare wird benannt, aber verschoben und durch Ersatzsiege behoben. Die Analogie zum Judenmord wird bereits im ersten Teil deutlich ausgesprochen: »Einige von uns wurden am Leben gehalten, um zu arbeiten. Um die Leichen zu verladen. Die Vorrichtungen, um die Körper zu entsorgen, wurden Tag und Nacht betrieben«, lautet eine Zeile des ebenfalls in die Gegenwart zurückgekehrten Widerstandskämpfers und »Zeitzeugen« Kyle Reese. Die Identifikation mit den Opfern ist scheinbar eine vollständige, der Judenmord wird als Angriff auf den Menschen als Spezies gedeutet. Zwar werden die aus den KZs bekannten Symbole (geschorene Köpfe, Tätowierungen, Kolonnen) zitiert und auf die Menschen bezogen verwendet, ihre von der Täterseite her implizierte Bedeutung (»Ihr seid keine Menschen mehr!«) aber verweigert. Die Verdinglichung des Menschen wird nur behauptet, aber nicht dargestellt und thematisiert. Die Hilflosigkeit der Opfer wird sofort verdrängt durch die Darstellung von Widerstand, durch Kampf, erfolgreichen, versteht sich. Dies ändert sich erst im letzten Teil, der fast eine Generation später gedreht wurde. Die Vernichtungsstätten-Analogien nehmen weiten Raum ein, werden aber durch die exzessiven Kampfszenen und natürlich den Sieg des Guten beschwichtigt.

In der Terminator-Reihe wird der Entwertungsvorgang umgedreht. Es sind die Täter, die verdinglicht werden. Wer so etwas tut, kann kein Mensch, sondern muss eine Maschine, ein Roboter sein, so die Grundthese. Diese Interpretation bringt viele Vorteile mit sich: Das Tatmotiv ist kein menschliches mehr, es ist nicht zu suchen im Tun und Lassen der Zivilisation. Man kann sie außerdem bedenkenlos und ohne Moralprobleme töten bzw. zerstören, denn Menschen sind es ja nicht. Und vor allem: Es besteht keine Gefahr, ihnen ähnlich zu werden. Es ist per se ausgeschlossen, selbst zum Auslöscher zu werden.

Das scheinbar klare dichotome Verhältnis von Maschinen und Menschen (Tätern und Opfern) wird in der Terminator–Reihe allerdings dadurch verunsichert, dass die Kampfmaschinen ursprünglich von Menschen gemacht worden sind. Die Gewalttätigkeit war ihnen durchaus einprogrammiert, sie war gewollt, ist aber außer Kontrolle geraten. In Teil 2 gibt Schwarzenegger denn auch einen »guten« Terminator, dessen Monstrosität durch zahlreiche Witze abgeschwächt wird. Der beste Freund des verfolgten Menschen ist hier nicht der andere Mensch, sondern das umprogrammierte Maschinenwesen.

Wesentlich ausführlicher, detaillierter und auch kritischer wird derselbe Fragenkomplex in der Neuinszenierung der Fernsehserie »Battlestar Galactica« (2003-2009, Original von 1978) thematisiert. Die Grundhandlung besteht in der Flucht der Reste der Menschheit vor einer Roboterarmee, den Cylons, die die menschliche Heimatwelt überfallen und vernichtet hatten. Die kleine Gruppe von Raumschiffen schart sich um einen »Battlestar«, das einzig verbliebene militärische Raumschiff. Unschwer kann man klassische Themen der US-Geschichte und -Kultur erkennen: den Zug nach Westen, den Kampf gegen die Wilden in einer zu erkundenden Welt, das Pearl-Harbour-Trauma und den Flugzeugträger. Das moderne Battlestar Galactica hat dem ein weiteres hinzugefügt: den 11. September.

Die Menschen sind Opfer eines – explizit so genannten – Holocaust, des Versuchs der vollständigen Auslöschung. Die Cylons verbrennen die menschlichen Leichen, wobei die Analogie zu den Verbrennungsrosten der Nazi-Vernichtungslager gezogen wird, und übernehmen die geräumten Städte und Planeten zur Schaffung ihrer schönen neuen Welt. Nur der Rest der Menschheit muss noch erledigt werden, eine scheinbar einfache Aufgabe. Was den durchs All fliehenden Menschenkonvoi am meisten beunruhigt, ist, dass einige ihrer Verfolger nun wie Menschen aussehen und als Schläfer und Infiltratoren eingesetzt werden. War die Infiltratorenproblematik beim Terminator noch einfach gelöst (ein metallischer Roboter mit menschlichem Gewebe getarnt), sind die in der menschlichen Gemeinschaft aktiven Cylons vom Menschen kaum zu unterscheiden, ja sie halten sich selbst für solche, bis sie »aktiviert« werden. Sie entstammen Baureihen, wobei Wissen und Bewusstsein sterbender Exemplare durch »Download« auf neue, aber gleiche Körper übertragen werden. Verwickelte Identitäts- und Loyalitätsprobleme sind die Folge. Menschen werden zu Cylon-Hilfskräften, -Kollaborateuren, und -Geliebten. Cylons wiederum beginnen am Endziel zu zweifeln, suchen nach Alternativen und Kooperationsmöglichkeiten.

Das klare Gut und Böse gerät ins Wanken, denn auch die Cylons haben aus ihrer Sicht Recht. Sie waren doch die Rechtlosen und Versklavten gewesen, die nichts anderes taten, als ihre Unterdrücker abzuschütteln, und sie nun präventiv zu erledigen. Sie handeln demokratisch und im Konsens, während die Menschheit durch machiavellistische Machtkämpfe zerrissen wird (Sharp: 18).

Am Ende steht die Einsicht, dass es nicht ausreicht, wie ein Mensch auszusehen, um einer zu sein oder als einer zu gelten. Die Verdinglichung der anderen hat keine objektive Grundlage, sondern ist ein ideologisch überhöhtes bürokratisch-politisches Produkt. Das betrifft sowohl die Täter – Cylons wie Menschen – als auch die Opfer. Wer die vom anderen Kollektiv nicht als Personen anerkennt, hat auch keine Pflichten ihnen gegenüber, kann sie versklaven und ausrotten (Loftis: 36). Der Preis für diese extreme Dominanz ist aber hoch, denn sie ist erkauft mit ebenso maßloser Furcht und Dämonisierung vor den anderen, die selbst dann wütet, wenn diese gar nicht mehr da sind.

Stephen Kings »Musterschüler«

Im Spannungsfeld des US-amerikanischen politischen Kulturkampfes bilden zwei der meistgelesen Schriftsteller extreme Gegenpositionen: Tom Clancy und Stephen King. Beide wurden 1947 geboren und gehören damit zu der Generation, die vom Vietnamkrieg geprägt wurde, wobei beide nicht selbst an ihm teilnahmen. Clancys Werk zu kritisieren ist ebenso notwendig wie scheinbar einfach (vgl. Terdoslavich). Als berechtigte Etiketten sind radikaler Antikommunismus, Nationalismus und insbesondere Militarismus aufzukleben. Sein ganzes Werk ist ein Gegen-Vietnam-Anschreiben, obwohl der Name des Landes so gut wie nie fällt. Es sind im Ergebnis stets siegreiche Waffengänge, die das ganze Spektrum von Black Ops bis zur Panzerschlacht abdecken, von moralisch aufrechten Männern mit nur geringen Gewissensbissen gefochten. Das Problem ist nur, dass sein Werk in der Regel auch noch unerhört spannend ist, weshalb es vielleicht doch mehr linke Leser gibt, als man denken sollte. Tatsächlich ist insbesondere der Romanzyklus um Präsident Jack Ryan – beginnend mit dem U-Boot-Thriller »Jagd auf Roter Oktober« – politisch durchaus an den Widersprüchen der Welt interessiert und kann als beißende Kritik am US-Politbetrieb gelesen werden. Aber im Großen und Ganzen ist er immer am konservativen Rand zu finden, wenn es um die wichtigen Fragen geht, als da sind: Ehe, Abtreibung, Todesstrafe, Waffenbesitz, Drogen, Interventionismus, extralegale Hinrichtungen usw.

Genau die entgegengesetzten Positionen vertritt der sogar noch populärere Stephen King, mit 400 Millionen verkauften Büchern vielleicht der weltweit meist gelesene Autor überhaupt. Kings Romanwelt ist meist der abgelegene, dünn besiedelte Bundesstaat Maine im äußersten Nordosten der USA. Maine ist für US-Verhältnisse uraltes Kulturland, in dem die Natur mit ihren dunklen Wäldern die alten Siedlungsspuren bereits überwuchert und Industrieruinen und tote Gleise allgegenwärtig sind.

Kings Personal besteht aus den machtlosen Randständigen der Gesellschaft: Kinder und Jugendliche, alte Leuten, Rentner, Frauen, »einfache« Leute, körperlich, geistig oder seelisch Behinderte und seine Lieblingshelden: die verkrachten Schriftsteller. Darin spiegelt sich Kings eigene Biografie als alkoholabhängiger arbeitsloser Englisch-Lehrer aus armen Verhältnissen wieder. King ist von einer »american angst« geprägt, einem Misstrauen gegenüber seinem Land, den

Menschen, dem System und dem Alltag. Bei ihm gibt es immer die Möglichkeit, dass alles wirklich sehr schief gehen kann. Nie hat er den Draht zur Welt der »einfachen Leute« und ihren Problemen verloren. In das Alltagsleben seiner Helden bricht das Übernatürliche in Gestalt von Gespenstern, Untoten, Dämonen, Zauberern oder Hellsehern herein. Sein eigentliches Thema aber ist das Ausmaß des Bösen, zu dem Menschen fähig sind.

Vor diesem Hintergrund muss man die Novelle »Summer of Corruption« lesen, die, bereits 1982 veröffentlicht, je mehr an Bedeutung gewinnt, desto länger die Verbrechen des NS-Regimes zurückliegen. Sie kommt als eine seiner wenigen Arbeiten ohne übernatürlichen Horror aus. Verfilmt wurde sie als »Apt Pupil«, also »der Musterschüler«, was auch der Titel der deutschen Übersetzung ist. Der Originaltitel wäre mit »Sommer der Korruption« nur annähernd übersetzt. Das morbide, von Zerfall und Verkommenheit sprechende englische »corruption« zieht sich als warnender Begriff durch die englischsprachige Literatur zum Judenmord. Gitta Sereny sprach vom »gradual process of his corruption« und von seiner »moral corruption«, als sie den Weg Franz Stangls vom österreichischen Polizeibeamten zum Kommandanten des Vernichtungslagers Treblinka beschreibt (Sereny: 37, 129). Der Philosoph George Steiner schrieb über die NS-Verbrechen: »Not only is the relevant material vast and intractable; it exercises a subtle, corrupting fascination. Bending too fixedly over hideousness, one feels queerly drawn. In some strange way the horror flatters attention (…)« (zitiert nach Lennon/Foley: 28).

Eben diese herabziehende, verderbende Fixiertheit auf das Bösartige ist das Thema von Kings Novelle.

Ein dreizehnjähriger US-amerikanischer Junge erkennt in seiner Nachbarschaft den untergetauchten Kommandanten eines deutschen Vernichtungslagers und beginnt mit ihm eine merkwürdige Beziehung. Dass er diesen erkennt, verdankt er seiner intensiven Beschäftigung mit den NS-Tätern anhand diverser Zeitschriften, die er in der Garage eines Schulfreundes gefunden hat. Diese Garage bringt ihm das, was die Klassenlehrerin versprochen hat: Jeder werde das

»Thema seines Lebens« finden. Er kann nicht genug davon bekommen: »I really groove on that concentration camp stuff« (King: 119).
Er findet es »geil«, sich mit dem Thema zu beschäftigen, um es angemessen zu übersetzen. Schnell erkennt er, dass er sich vorsehen
muss. Zwar erhält er sehr gute Noten für seine schulischen Ausarbei-
tungen zum Thema, aber er weiß, dass er sie in einem bestimmten
Nie-Wieder-Tonfall halten muss, um nicht Probleme zu bekommen
(ebd.: 123). Er erkennt einen Widerspruch zwischen der allgemeinen
Ablehnung der Täter und der allzu großen Bereitschaft, sie trotzdem
zum Fetisch werden zu lassen. Die Insignien der Täter werden zum
Geschäft und gehen bereits in den allgemeinen Fundus der Skurrili-
täten ein:

> »All the magazines said it was bad, what had happened. But all the
> stories were continued at the back of the book, and when you turned
> those pages, the words saying it was bad where surrounded by ads,
> and these ads sold German knives and belts and helmets as well as
> Magic Trusses and Guaranteed Hair Restorer.« (ebd.: 121)

Der Junge nutzt sein Wissen, um den Ex-Kommandanten zu erpres-
sen. Er nötigt ihn, der ein unauffälliges Leben führen möchte, sich
möglichst an jedes Detail der Lager zu erinnern und davon zu berichten. Unzufrieden mit der nicht mehr recht soldatischen Erscheinung des alten Mannes, zwingt er ihn, eine SS-Uniform aus dem
Kostümverleih anzuziehen und zu exerzieren. Der Mann muss ge-
horchen und findet in seine alte Rolle zurück. Wie Goethes Zauber-
lehrling hat der Junge etwas beschworen, was er nicht mehr stoppen
kann. King schildert Traumsequenzen, die den alten Mann ins Lager
zurückbringen. Der Horrorschriftsteller King beschreibt die Geister
der Toten, die Ausweglosigkeit und das Entsetzen und ist dabei doch
ganz Realist, denn viele solcher Träume werden von KZ-Überleben-
den geschildert. Der alte Mann findet zum Töten zurück, zuerst sterben Katzen, dann Obdachlose.

Doch eines Tages wird der Kommandant im Krankenhaus von
einem ehemaligen Häftling erkannt. Es sind bestimmte Begriffe unbedingter Macht, die dem Kommandanten entschlüpfen und die ihn

verraten. Er wird verhaftet, doch für den Jungen ist es zu spät. Er steigert sich in einen Amoklauf hinein. In der Verfilmung »Apt Pupil« wird das Ende sogar noch zugespitzt: Der Junge kommt davon und kann ein »ganz normales Leben« führen, um im Hintergrund seinen »Interessen« zu frönen.

Das Schockierende an der Novelle ist, dass der betont unpersönlich gestaltete Junge (»the total all-american kid«, King: 119) auf die Zahl »6.000.000 ermordete Juden« vollkommen anders reagiert, als erwartet wird. Diese Zahl ist einfach aufregend, »krass«, verheißt etwas Besonderes (ebd.: 121). Sie ist für ihn in erster Linie mit »Macht« verbunden, die er selber in steigendem Maße gegenüber dem Ex-Kommandanten ausüben kann (ebd.: 142).

King entwirft hier ein moralisch unfertiges Individuum, das die geschehenen Verbrechen als attraktives Modell empfindet. Es fühlt sich im Recht, weil es vermutet, dass es nicht alleine diese Empfindungen hat.

Quellen

Textnachweise

»Die drei Duces«, zuerst in: »antifa«, 3/2014

»Geschichtsrevisionismus heute – Unsere Mütter, unsere Väter, zuerst als »Richard oder Wilhelm«, in: »antifa«, 3/2013

»Deutsche Militärzeitschriften«, zusammen mit Žiga Podgornik-Jakil, in: »antifa«, 1/2015

»Leerstellen – Kriegsgefangene in Deutschland«, zuerst als »Französische Leerstellen«, zuerst in: »antifa«, 1/2014

»Neue polnische Kriegsfilme«, überarbeitete Fassung, zuerst in: »Polen und wir«, 1/2016

Eine andere Art der Erinnerung – die britische Sicht auf den Ersten Weltkrieg, überarbeitete Fassung von Texten in: »antifa«, 9/2010, 9/2014

»Unterm Hakenkreuz – die Kanal-Inseln«, zuerst in: »antifa«, 9/2013

»Zombies, Cylons und Menschen«, erweiterte Fassung von: »Wir können nicht so sein. Der Judenmord als unterschwelliges Thema des Science Fiction«, in: »antifa«, 1/2012

Literaturverzeichnis

Agamben, Giorgio: Homo sacer. Die souveräne Macht und das nackte Leben, Frankfurt/Main 2002

Agamben, Giorgio: Was von Auschwitz bleibt. Das Archiv und der Zeuge, Frankfurt/Main 2003

Agamben, Giorgio: Ausnahmezustand, Frankfurt/Main 2004

Améry, Jean: Jenseits von Schuld und Sühne. Bewältigungsversuche eines Überwältigten, Stuttgart 2014 (8)

Antelme, Robert: Das Menschengeschlecht. Als Deportierter in Deutschland, München 1990

Assmann, Aleida: Das neue Unbehagen an der Erinnerungskultur. Eine Intervention, München 2013

Auschwitz-Birkenau State Museum: Annual Report 2010

Baer, Ulrich (Hrsg.): »Niemand zeugt für den Zeugen«. Erinnerungskultur nach der Shoah, Frankfurt/Main 2000

Baumann, Zygmunt: Dialektik der Ordnung. Die Moderne und der Holocaust, Hamburg 1992

Beer, Frank/Benz, Wolfgang/Distel, Barbara (Hrsg.): Nach dem Untergang. Die ersten Zeugnisse der Shoah in Polen 1944-1947. Berichte der Zentralen Jüdischen Historischen Kommission, Dachau 2014

Benoist-Méchin, Jacques: Der Himmel stürzt ein. Frankreichs Tragödie 1940, Düsseldorf 1958

Bezwińksa, Jadwiga/Czech, Danuta (Hrsg.): Inmitten des grauenvollen Verbrechens. Handschriften von Mitgliedern des Sonderkommandos, Oświęcim 1996

Bosworth, R.J.B: Mussolini, New York 2010

Bothe, Alina: »Dem Ungesagten zuhören« Giorgio Agamben: Was von Auschwitz bleibt. Das Archiv und der Zeuge. Eine kritische Reflexion, in »diskurs, 2/2012, S. 66-95

Brudholm, Thomas: Resentment's virtue. Jean Améry and the refusal to forgive, Philadelphia 2008

Celan, Paul: Die Gedichte. Kommentierte Gesamtausgabe, Frankfurt/Main 2003

Chechnicki, Andrzej/Knobler; Haim: Unsere Jugend – unsere Zukunft, in: Dialog Nr. 17, Hefte der Deutsch-Polnischen Gesellschaft für seelische Gesundheit e.V., Kraków/Münster, S. 167-175

Churchill, Winston: Speech delivered at the University of Zurich, 19. September 1946

Cruickshank, Charles: The German Occupation of the Channel Islands. The Official History of the Occupation Years, Guernsey 1991

Delbo, Charlotte: Aucun de nous ne reviendra, Paris 1970

Delbo, Charlotte: Trilogie. Auschwitz und danach, Frankfurt/Main 1993

Diner, Dan: Gegenläufige Gedächtnisse. Über Geltung und Wirkung des Holocaust, Göttingen 2007

Eberl, Jason T. (Editor): Battlestar Galactica and Philosophy, Malden
    2008

Evers, Florian: Vexierbilder des Holocaust, Münster 2011

Frieden, Kirstin: Neuverhandlungen des Holocaust. Mediale Transfor-
    mationen des Gedächtnisparadigmas, Bielefeld 2014

Fussel, Paul: Wartime: Understanding and Behavior in the Second
    World War, Oxford 1989

Giolitto, Pierre: Volontaires français sous l'uniforme Allemand, Perrin
    1999

Gordon, Bertram M.: Collaborationism in France during the Second
    World War, Ithaca/London, 1980

Graf, Friedrich Wilhelm: Heiliger Bimbam, in: Die Welt, 12.7.2013

Grossmann, Wassilij: Die Hölle von Treblinka, Moskau 1946

Grossman, Vasily: A writer at war. Vasily Grossman with the Red
    Army 1941–1945. Edited and translated by Antony Beevor and
    Luba Vinogradova, London 2006

Gudehus, Christian: Dem Gedächtnis zuhören. Erzählungen über NS-
    Verbrechen und ihre Repräsentation in deutschen Gedenkstätten,
    Essen 2006

Haug, Wolfgang Fritz: Über Gewalt und Hegemonie, in: Das Argu-
    ment 288/2010, S. 512-536

Hemingway, Ernest: A Farewell to Arms, London 2016

Hilberg, Raul: Die Vernichtung der europäischen Juden, Frankfurt/
    Main 1991

Hughes-Hallet, Lucy: the Pike. Gabriele D'Annuzio. Poet, Secuder
    and Preacher of War, 2013, London 2013

Hyvernaud, Georges: La peau et les os. Les souffrances de la captivité,
    Paris 2008

Jäckel, Eberhard: Frankreich in Hitlers Europa. Die deutsche Frank-
    reichpolitik im Zweiten Weltkrieg, Stuttgart 1966

Jünger, Ernst: Die totale Mobilmachung, in: Jünger, Ernst: Blätter und
    Steine, Hamburg 1934, S. 122-154

Kavaney, Roz/Stoy, Jennifer: Battlestar Galactica. Investigating Flesh,
    Spirit and Steel, London 2010

King, Stephen: Summer of corruption, in: Different Seasons, New York 1982

Klei, Alexandra / Stoll, Katrin / Wienert, Annika (Hg.): Die Transformation der Lager. Annäherungen an die Orte nationalsozialistischer Verbrechen, Bielefeld 2011

Klüger, Ruth: weiter leben. Eine Jugend, München 1994

Kuhn, Thomas: The Structure of Scientific Revolutions, Chicago 2012 (4)

Kulka, Otto Dov: Landschaften der Metropole des Todes. Auschwitz und die Grenzen der Erinnerung und der Vorstellungskraft, München 2013

Langer, Lawrence: Admitting the Holocaust, New York 1995

Lennon, John / Foley, Malcolm: Dark Tourism. The Attraction of Death and Disaster, Milton Keynes 2010

Levi, Primo: Ist das ein Mensch? Die Atempause, München / Wien 1988

Levi, Primo: Die Untergegangenen und die Geretteten, München 2015

Loftis, Robert J.: »What a Strange Little Man«: Baltar the Tyrant?, in Eberl, Jason T. (Editor): Battlestar Galactica and Philosophy, Malden 2008, S. 29-39

Mabire, Jean: Berlin im Todeskampf 1945. Französische Freiwillige der Waffen-SS als letzte Verteidiger der Reichskanzlei, Coburg o. J.

Meier, Christian: Das Gebot zu Vergessen und die Unabweisbarkeit des Erinnerns. Vom öffentlichen Umgang mit schlimmer Vergangenheit, München 2010

Merglen, Albert: Soldats français sous Uniformes allemands 1941-1945: LVF et »Waffen-SS« français, in: Revue d'Histoire de la Deuxième Guerre Mondiale, 27/1977, Nr. 108, S. 71-84

Middlebrook, Martin: The first day on the Somme, Glasgow 1971

Milton, Gaz: World War II Re-enactment. A Beginner's Guide, Leipzig 2013

Misselwitz, Charlotte / Siebeck, Cornelia (Hg.): Dissonant Memoires. Fragmented Present. Exchanging young discourses between Israel and Germany, Bielefeld 2009

Mulisch, Harry: Die Entdeckung des Himmels, Reinbek bei Hamburg 1995

Neitzel, Sönke/Welzer, Harald: Soldaten. Protokolle vom Kämpfen, Töten und Sterben, Frankfurt/Main 2012

Neulen, Hans Werner: Europas verratene Söhne. Die Tragödie der Freiwilligen im Zweiten Weltkrieg, München 1980

Nussbaum, Martha: Upheavals of thought. The Intelligence of Emotions, Cambridge 2003

Ory, Pascal: Les Collaborateurs 1940-1945, Paris 1976

Owen, Anthony Davey: The origins of the Légion des Volontaires Français contre le Bolchevisme, in: Journal of contemporary History, 1971, Nr. 4, S. 29-45

Pampel, Bert (Hg.): Erschrecken – Mitgefühl – Distanz. Empirische Befunde über Schülerinnen und Schüler in Gedenkstätten und zeitgeschichtlichen Ausstellungen, Leipzig 2011

Parker, Peter: The Last Veteran. Harry Patch and the Legacy of War, London 2010

Paxton, Robert: Parades and Politics at Vichy. The French Officer Corps under Marshal Pétain, Princeton 1966

Reemtsma, Jan Philipp: Wozu Gedenkstätten?, in: Aus Politik und Zeitgeschichte, 25-26/2010, S. 3-9

Rommel, Erwin: Infanterie greift an, Salzburg 1995

Ryn, Zdzisław/Kłodziński, Stanisław: An der Grenze zwischen Leben und Tod. Eine Studie über die Erscheinung des »Muselmanns« im Konzentrationslager (1983), in: Die Auschwitz-Hefte. Texte der polnischen Zeitschrift »Przegląd Lekarski« über historische, psychische und medizinische Aspekte des Lebens und Sterbens in Auschwitz, Hamburg 1994, S. 89-154

Sacco, Joe: The Great War. July 1, 1916. The First Day of the Battle of the Somme. An Illustrated Panorama, New York/London 2013

Saint-Loup: Legion der Aufrechten. Frankreichs Freiwillige an der Ostfront, Herrsching 1984

Sanders, Paul: The British Channel Islands under German Occupation 1940-1945, Jersey 2005

Sarkozy, Nicolas: Allocution de M. le Président de la République, 90e anniversaire de l'armistice de 1918, Nécropole nationale de Douaumont (meuse) – Mardi 11 novembre 2008

Sassoon, Siegfried: War Poems of Siegfried Sassoon, Mineola / New York 2004

Sassoon, Siegfried: Memoirs of an Infantry Officer, London 1997

Schoch, Julia: Literatur als Rache, in: »Sinn und Form«, 5/2013

Schönhuber, Franz: Ich war dabei, München / Wien 1981

Schuder, Rosemarie / Hirsch, Rudolf: Nr. 58866: »Judenkönig«. Aus dem Leben des Kurt Julius Goldstein, Köln 2004

Schwarzer, Reinhard: Vom Sozialisten zum Kollaborateur: Idee und politische Wirklichkeit bei Marcel Déat, Pfaffenweiler 1987

Semprún, Jorge: Die große Reise, Frankfurt/Main 1981

Semprún, Jorge: Was für ein schöner Sonntag!, München 2004

Semprún, Jorge: Schreiben oder Leben, Frankfurt/Main 1997

Sereny, Gitta: Into that Darkness. An Examination of Conscience, New York 1983

Sharp, Robert: When Machines get Souls: Nietzsche on the Cylon Uprising, in: Eberl, Jason T. (Editor): Battlestar Galactica and Philosophy, Malden 2008, S. 15-28

Sledge, Eugene: With the old breed. At Peleliu and Okinawa, Novato 2007

Silloray, Florent: Auf den Spuren Rogers, Berlin 2013

Snyder, Timothy: Bloodlands. Europe between Hitler and Stalin, London 2011

Singer, P. W.: Wired for War: The Robotics Revolution and Conflict in the 21st Century, New York 2011

Sontag, Susan: Regarding the Pain of Others, London 2003

Tardi: Ich, René Tardi, Kriegsgefangener im Stalag IIB, Zürich 2013

Terdoslavich, William: The Jack Ryan Agenda. Policy & Politics in the Novels of Tom Clancy, New York 2005

Thompson, Jenny: Wargames. Inside the World of 20th-Century War Reenactors, Washington 2004

Thompson, Mark: The White War: Life and Death on the Italian Front 1915-1919, New York 2009

Thürmer-Rohr, Christina: Haßverbot, in: Vagabundinnen. Feministische Essays, Berlin 1992

Thürmer-Rohr, Christina: Achtlose Ohren. Die Politisierung des Hörens, in: Verlorene Narrenfreiheit. Essays, Berlin 1994

Tych, Feliks / Kenkmann, Alfons / Kohlhaas, Elisabeth / Eberhardt, Andreas (Hrsg.): Kinder über den Holocaust. Frühe Zeugnisse 1944-1948, Berlin 2008

Wells, H. G.: The Land Ironclad, in: Selected Short Stories, New York 1979

Wells, H. G.: The Shape of Things to Come, London 1933

Werth, Alexander: Russland im Krieg, München 1965

Willenberg, Samuel: Revolt in Treblinka, Warszawa 1992

Willms, Thomas: Von »Black Hawk Down« zu »Generation Kill«. Hyperrealismus in neueren amerikanischen Kriegsfilmen, in: Bruder, Klaus-Jürgen / Bialluch, Christoph / Hein, Jörg: Krieg um die Köpfe. Der Diskurs der Verantwortungsübernahme – psychologische, sozialwissenschaftliche und medienkritische Betrachtungen, Gießen 2016

Wolf, Dieter: Die Doriot-Bewegung. Ein Beitrag zur Geschichte des französischen Faschismus, Stuttgart 1967

Zimmermann, Ingo: Dass Auschwitz nicht noch einmal sei… Drei Vorlesungen, Essen 2013

Zuckermann, Moshe: Zweierlei Holocaust. Der Holocaust in den politischen Kulturen Israels und Deutschlands, Göttingen 1999

Filmografie

»Apt Pupil«, USA, 1998, Bryan Singer

»Saving Private Ryan«, USA, 1998, Steven Spielberg

»Schindler's List, USA, 1993, Steven Spielberg

»The Terminator«, UK/USA, 1984, James Cameron

»Terminator II – Judgement Day«, USA/F, 1991, James Cameron
»Terminator III – Rise of the Machines«, USA/D/UK, 2003, Jonathan Mostow
»Terminator IV – Salvation«, USA/D/UK/I, 2009, Moseph McGinty-Nichol
»Warschau 44«, PL, 2015, Jan Komasa
»Unser letzter Sommer«, PL, 2015, Michał Rogalski

Fernsehserien

»Band of Brothers«, USA/GB, 2001, Mary Richards
»Battlestar Galactica«, USA, 2003–2009, Ronald D. Moore, David Eick
»Black Adder«, GB, 4. Staffel »Blackadder goes Forth«, 1989, John Lloyd
»Czas Honoru«, PL, 2008–2013, Magdalena Badura
»Downton Abbey«, GB, 2010–2015, Julian Fellowes
»The Crimson Field«, GB, 2015, Annie Tricklebank
»The Village«, GB, 2013, Peter Moffat
»The Pacific«, USA, 2010, Cherylanne Martin, Todd London, Steve Shareshian
»The Walking Dead«, USA, seit 2010, Frank Darabont u. a.
»Unsere Mütter, unsere Väter«, D, 2013, Nico Hofmann

Dokumentationen

»Defamation«, Israel, 2009, Yaov Shamir
»Krieg im Frieden. Die War and Peace-Show«, 2.10.2013, Stefan Aust, N24
»Zeugen der Shoah«, Bundeszentrale für politische Bildung/Freie Universität Berlin: 4 DVDs + 4 DVD-ROM

Personenregister

Ulrich Schneider / Jean Cardoen

ANTIFASCHISTISCHER WIDERSTAND
IN EUROPA 1922–1945

Großformat | 335 Seiten | ISBN 978-3-89438-589-7 | € 29,90 [D]

Mit zahlreichen außergewöhnlichen Bildern porträtiert der viersprachige
Band den Kampf gegen den Faschismus in 21 europäischen Ländern – von
Guernica über das Warschauer Ghetto bis nach Stalingrad – und stellt
dessen unterschiedlichen Charakter dar: Von der Resistenza in Italien, der
Résistance in Frankreich und dem Netzwerk »Comet« in Belgien über den
griechischen, jugoslawischen und tschechoslowakischen Widerstand bis zu
den Internationalen Brigaden gegen Franco. Der Band ist eine Hommage
an den Mut etwa von Sophie Scholl, Manolis Glezos, der die Hakenkreuz-
fahne von der Akropolis riss, oder von Zoia Kosmodemiamskaja, jener
sowjetischen Partisanin, die mit gerade einmal 18 Jahren ihren Henkern
entgegenrief: »Wir sind 170 Millionen und ihr werdet uns nie alle hängen
können ...«. Die Autoren halten die Erinnerung an die zahllosen bekannten
und unbekannten Menschen wach, die sich im Namen der Menschenwürde
über ideologische Barrieren hinweg gegen den Faschismus erhoben.

PapyRossa Verlag | www.papyrossa.de